Otmar Steinbicker

Die 25 schönsten E-BIKE TOUREN im Münsterland

BVA

INHALT

Havixbeck,
Burg Hülshoff

Die Touren

Lüdinghausen, Burg Kakesbeck

Mit Ortsporträts von

DIE 25 SCHÖNSTEN E-BIKE-TOUREN IM MÜNSTERLAND

Schloss Nordkirchen

VORWORT

Mit über 4.500 Kilometern markierter Radwege ist das Münsterland seit Jahrzehnten, angefangen mit der „100 Schlösser-Route" in den 1980er Jahren, eines der interessantesten Radwandergebiete in Deutschland.

Wo früher die Bauern über schmale „Pättkes" ins Dorf radelten, führen heute naturbelassene oder asphaltierte Wirtschaftswege durch die Parklandschaft mit ihren Äckern, Weiden und Wallhecken. Der besondere Reiz des Münsterlandes als Radwanderregion liegt nicht zuletzt in seiner welligen Landschaft, die immer wieder unterschiedliche und reizvolle Eindrücke vermittelt.

Die vorliegende Auswahl von 25 Rundtouren führt speziell abgestimmt für das Radeln mit E-Bikes abseits des Straßenverkehrs in ausgewählte schöne Ecken des Münsterlandes: zu Wasserschlössern und Windmühlen, zu ausgefallenen Museen und seltenen Handwerkern wie Glockengießern und Holzschuhmachern, zu Orten der Geschichte und der Legenden.

Wundern Sie sich nicht, wenn man Ihnen erzählt, dass die Münsterländer das Fahrrad erfunden haben: zwar nicht das zweirädrige Fortbewegungsmittel, wohl aber den Begriff, mit dem der Bocholter Baumeister Otto Sarrazin das „Veloziped" eindeutschte.

Die vorgeschlagenen Rundtouren sollen Ihnen Anregungen für Ihre Radwanderungen geben. Diese Touren sind als Rundtouren konzipiert, die Sie zu interessanten Ausflugszielen und wieder zurück an den Ausgangs-

Rapsfeld bei Greven

ort führen. Wenn Sie mehr Varianten suchen, weil Sie von einem bestimmten Ort aus mehrere Tagestouren unternehmen möchten, oder mit vollem Gepäck von Quartier zu Quartier fahren, weil Sie lieber längere oder kürzere Strecken radeln, können Sie diese Tourenvorschläge beliebig kombinieren, verlängern oder abkürzen.

Mit einer Ausnahme haben alle Touren als Ausgangs- und Zielpunkt einen Bahnhof, dessen Bahnsteige zumeist mit dem E-Bike stufenlos, zumindest aber mit dem Aufzug erreichbar sind, so dass das Schleppen der schweren Räder treppauf und treppab entfällt.

Auch die Ladestationen für E-Bikes entlang oder nahe der Route sind für jede Tour angegeben. Vergessen Sie bitte nicht das Ladekabel für Ihr E-Bike! Manche Station verfügt nur über eine einfache Steckdose oder das eine oder andere Café bietet schlicht die Nutzung der Außensteckdose zum Aufladen des E-Bikes an – mit eigenem Ladekabel kein Problem.

Auch für Reisemobilisten eignet sich das Münsterland als ideale Entdeckungsregion. Alle Touren verfügen gleich über mehrere Stellplätze an oder nahe der Route, die in diesem Buch auf den Karten markiert sind.

Kartenmaterial

Eine gute Radkarte ist Dank des gut ausgeschilderten neuen Knotenpunktsystems nicht unbedingt erforderlich, aber vielleicht dennoch von Nutzen, denn in dem Geflecht der kleinen Wirtschaftswege hat man sich schnell einmal verfahren und ein Hinweisschild übersehen. Sollte Ihnen das passieren, grämen Sie sich nicht. Sie haben vielmehr die Chance, die Münsterländer von ihrer sympathischsten, ihrer gastfreundlichen Seite, kennen zu lernen.

Nach einem kurzen Gespräch wissen Sie mehr über das Münsterland als nur den Weg zurück zur markierten Route. Wenn aber gerade niemand in Sichtweite ist und Sie unsicher sind, ob Sie sich noch auf dem richtigen Weg befinden, dürfte Ihnen auch ein Blick auf eine Radkarte weiterhelfen. In einem solchen Fall oder auch für die allgemeine Radtourenplanung, z.B. auch für die individuelle Zusammenstellung einer Radtour aus verschiedenen Elementen unterschiedlicher Tourenvorschläge dieses Buches, ist eine größere und detaillierte Radwegekarte natürlich von Vorteil.

Dazu gibt es für den Bereich des Münsterlandes die ADFC-Regionalkarte Münsterland im Maßstab 1:75.000 sowie für die Tour 7 die Radwanderkarte Kreis Steinfurt,

Wildpferde in Dülmen

für die Tour 8 die ADFC Regionalkarte 1:75.000 Osnabrücker Land/Oldenburger Münsterland und für Tour 25 die ADFC-Regionalkarte 1:75.000 Münsterland West/ Achterhoek. Auf diese Weise können Sie z.B. bei Nutzung des ÖPNV auch Strecken planen, bei denen Sie einen anderen Bahnhof für die Abreise wählen als Ihren Startbahnhof. Für den speziellen Fall, dass Sie auf eigene Faust Strecken abseits der ausgeschilderten Radwege planen mochten, sind Sie mit den noch detaillierteren Radwanderkarten der einzelnen Kreise besser bedient. Diese Karten gibt es im Maßstab 1:50.000 jeweils für die Kreise Borken, Coesfeld, Steinfurt und Warendorf.

Die ADFC-Regionalkarten gibt es auch als App unter **www.fahrrad-buecher-karten.de/kartenapp**.

Weiteres Überblickswissen zu unserem Pedal-Hobby liefern die Sammelwerke wie z.B. „Die 75 schönsten Urlaubstouren Deutschlands", „Die 44 schönsten Panorama-E-Bike-Touren in Deutschland", „Die 55 schönsten E-Bike-Touren Deutschlands", „Die 50 schönsten Radfernwege Deutschlands" und „Die 33 schönsten Flussradwege Deutschlands", „Die 99 schönsten Radtouren für Camper in Deutschland", „Die 111 schönsten Radtouren Deutschlands" oder „Die 50 schönsten Bahntrassen-Radwege Deutschlands".

GPS

Immer mehr Freizeitradler nutzen die Vorteile der elektronischen Medien. Internet und GPS-Geräte gehören bei vielen schon zum Standard, wenn es darum geht, eine Fahrradtour vorzubereiten. So können die Touren präzise am PC bzw. am Notebook geplant und jeder Weg gefunden werden. Je exakter die Klicks im Internet, umso genauer das Ergebnis für die Länge der Tour und das passende Höhenprofil. Böse Überraschungen können so deutlich minimiert werden – und das alles, ohne jemals vorher da gewesen zu sein. Auch für dieses Buch möchten wir Ihnen als zusätzliche Hilfestellung die Nutzung auf ihrem GPS-Gerät anbieten: Für jede der 25 Touren finden Sie auf unserer Internetseite die passenden Trackdaten.

Mithilfe des Zugangscodes **MSL-02-271-712-EBB** stehen Ihnen die Daten auf der Seite **www.fahrrad-buecher-karten.de/ebiketourendigital** kostenlos zum Download zur Verfügung.

Radeln auf der Promenade in Münster

Helfen Sie mit!

Die in diesem Buch enthaltenen Informationen wurden sorgfältig nach bestem Wissen und Gewissen zusammengetragen. Dennoch gibt es in unserer schnelllebigen Zeit ständig Veränderungen: Straßennamen und Wegführungen werden verändert, ebenso Anschriften und Öffnungszeiten. Helfen Sie uns mit, dieses Buch ständig aktuell zu halten, in dem Sie uns etwaige Änderungen unter buecher@bva-bikemedia.de mitteilen. Unser Dank ist Ihnen so gewiss wie der Dank der anderen Leserinnen und Leser!

Eines ist sicherlich richtig: Es gibt keine bessere Variante, diese reizvolle Region zu erkunden, als auf dem Sattel eines Fahrrades.

VIEL SPASS BEIM RADELN!

Otmar Steinbicker

Schloss Ahaus

INS DORF DER HOLZSCHUHMACHER

Eine Rundtour um Ahaus

Die Tour führt landschaftlich reizvoll auf den Spuren alten Handwerks von Ahaus mit seinem prächtigen Wasserschloss über die Windmühle in Quantwick ins Holzschuhmacherdorf Wessum und zurück nach Ahaus.

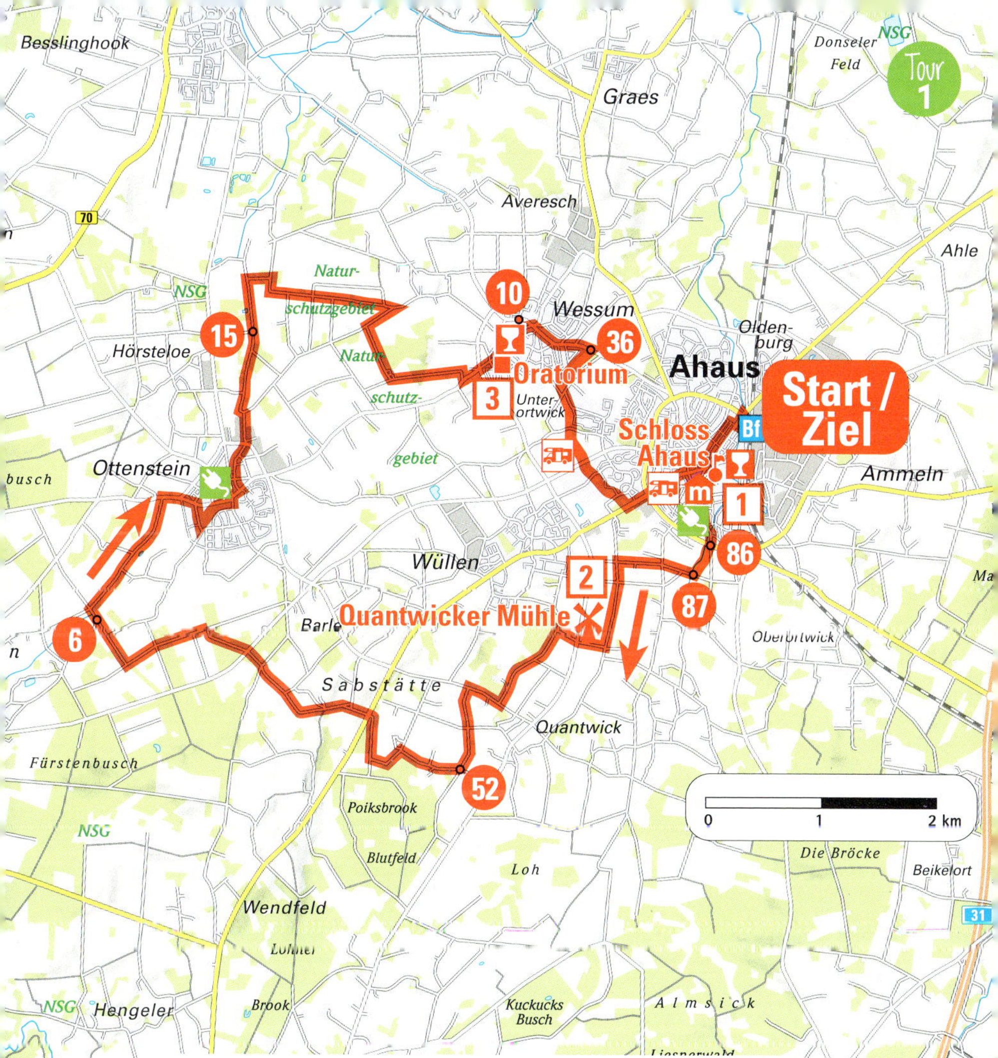

Was erwartet mich?

33 km, eine Tour auf überwiegend asphaltierten und naturbelassenen Wirtschaftswegen durch eine ebene Landschaft vorbei an Äckern und Feldern.

Wie komm' ich hin?

ÖPNV: Bahnhof Ahaus
Mit dem Auto: A 31, Ausfahrt 32 Legden/Ahaus.
In Ahaus: Parallelstraße

Was muss ich sehen?

1 Wasserschloss Ahaus
2 Quantwicker Windmühle
3 Oratorium in Wessum

Wo tank' ich auf?

an`t Schildeken Gaststätte und Cafe
Kirchplatz 1, Ahaus-Wessum
Schlossbiergarten Ahaus
Sümmermannplatz 4, Ahaus

Kartentipp: **ADFC-Regionalkarte Münsterland,** 1:75.000

Scan den QR-Code & hol Dir Deine Tour!

Tour 1

TOURSTART

Sie starten am Bahnhof in Ahaus. Der Bahnsteig an Gleis 1 ist stufenlos erreichbar. Bis auf einen einzigen Zug von Dortmund nach Enschede um 7.24 Uhr fahren alle anderen Züge planmäßig vom Hausbahnsteig an Gleis 1. Sie brauchen Ihr E-Bike daher keine Treppen hinauf oder herunter zu tragen.

*Sie radeln zum **Knotenpunkt** 86.*

Hauptsehenswürdigkeit der Stadt ist das barocke 1 **Wasserschloss**, das der Fürstbischof von Münster, Friedrich Christian von Plettenberg, 1690 als Jagdschloss an Stelle einer alten Burg errichten ließ. Der Bau weist Merkmale sowohl des französischen als auch des niederländischen Barocks auf.

1803 wurde das Schloss den Fürsten Salm-Salm und Salm-Kyrburg zugesprochen. 1819 mietete der Tabakfabrikant Hermann Oldenkott aus Amsterdam das Schloss und eröffnete im Nordflügel des Schlosses eine Tabakfabrik. 1829 erwarb Oldenkott das Schloss als Wohnsitz für eine Familie. Tabak wurde weiter bis zur Zerstörung des Schlosses bei einem Bombenangriff im März 1945 produziert. Nach dem Krieg erwarb der Kreis Ahaus die Ruine und baute das Schloss wieder

Oldenkottplatz im Zentrum von Ahaus

auf. Heute ist darin die **Technische Akademie Ahaus** sowie ein Torhaus- und Schulmuseum untergebracht. Das Torhausmuseum zeigt Funde aus mittelalterlichen Ausgrabungen und Ausstellungsstücke zur Geschichte der Stadt. Im Schulmuseum wird der Schulalltag des 19. und 20. Jahrhunderts dargestellt.

*Über den **Knotenpunkt** 87 fahren Sie weiter zum **Knotenpunkt** 52.*

Dabei passieren Sie die 2 **Quantwicker Mühle**. Die 1835 errichtete Windmühle holländischer Bauart steht mit ihrem achteckigen Unterbau fest auf dem Boden. Nur die Kappe mit dem großen Kammrad und dem Flügelkranz wurde auf einem Rollkranz und mit Hilfe des Drehwerks in den Wind gedreht. Heute wird die nicht mehr betriebene Mühle unregelmäßig zu einer kleinen privaten Kunstausstellung genutzt.

*Weiter geht es über den **Knotenpunkt** 6 nach Ottenstein. Die Marienkapelle am Sportplatz mit einem Dreistaffelgiebel wurde von 1791 bis 1793 errichtet und 1894 umgebaut.*

*Sie radeln weiter über den **Knotenpunkt** 15 zum **Knotenpunkt** 10 in Wessum.*

Pfarrkirche St. Martinus in Wessum

Reisemobilstellplätze an oder nahe der Route

Wohnmobilstellplatz am Kirmesplatz
Wüllener Straße, Ahaus
Wohnmobilstellplatz am Aquahaus
Unterortwick 32, Ahaus

Sehenswert sind das 1510 erbaute 3 **Oratorium** sowie eine Passionssäule aus dem 16. Jahrhundert in der Pfarrkirche St. Martinus.

Wessum ist vor allem als Dorf der **Holzschuhmacher** bekannt. Bis 1934 gab es hier 75 selbständige Holzschuhmacher und obendrein eine Holzschuhfabrik mit 200 Beschäftigten. Jede zweite Familie besaß eine Holzschuhwerkstatt. Vor dem Heimathaus nahe der Kirche stellt eine Skulptur einen vor seiner Werkbank tätigen Holzschuhmacher dar.

Hergestellt werden die Holzschuhe vor allem aus Pappelholz. Die Schuhe bieten Schutz vor Unfällen und sind traditionell in der Landwirtschaft beliebt. Gute Holzschuhmacher arbeiten für ihre Kunden Schuhe nach Maß. Auch heute gibt es in Wessum noch Holzschuhmachereien.

*Sie fahren weiter über den **Knotenpunkt** 36 ins Zentrum von Ahaus.*

An der **St.-Mariä-Himmelfahrtskirche** steht die Brunnenskulptur „Quellen – Fließen – Versickern – Trinken" der beiden Bildhauer Hans-Werner Kalkmann und Jens Kalkmann. Fünf schwarze Sienit-Stelen spenden aus Quelltöpfen Wasser, das auf unterschiedlich lange Flächen aus rotem Granit abläuft. Radwanderer können an der Stele per Sensorknopf Trinkwasser zapfen. Der **Brunnen (Fontein)** des Aachener Künstlers Bonifatius Stirnberg zeigt Bäuerin, Holzschuhmacher und andere Handwerksberufe sowie das Ahauser Wasserfräulein.

Danach folgen Sie der Radwegbeschilderung zum Bahnhof, Ihrem Ausgangspunkt.

Quantwicker Mühle

E-Bike Ladestationen an oder nahe der Route

Ahaus Information
Oldenkottplatz 2, Ahaus
Gasthaus Abbing „Rols-up'n Hook"
Wiegbold 22,
Ahaus-Ottenstein

Dahlienblüten
in Legden

Tour 2 Länge 45 km

INS DAHLIENDORF

Eine Rundtour von Legden über Ahaus und Heek zurück nach Legden

Die Tour führt landschaftlich reizvoll zum Wasserschloss Ahaus, streift das Holzschuhmacherdorf Wessum und führt weiter durch das landwirtschaftlich geprägte Dorf Heek zurück ins Dahliendorf Legden.

Was erwartet mich?

45 km, eine Tour auf überwiegend naturbelassenen und asphaltierten Wirtschaftswegen durch eine ebene Landschaft vorbei an Äckern und Feldern.

Wie komm' ich hin?

ÖPNV: Bahnhof Legden
Mit dem Auto: A 31, Ausfahrt 32 Legden/Ahaus. In Legden: Bahnhofstraße

Was muss ich sehen?

1 Wasserschloss Ahaus
2 Stift Asbeck

Wo tank' ich auf?

Schlossbiergarten Ahaus
Sümmermannpl. 4, Ahaus
an't Schildeken
Gaststätte und Cafe
Kirchpl. 1, Ahaus-Wessum

Kartentipp: **ADFC-Regionalkarte Münsterland,** 1:75.000

Scan den QR-Code & hol Dir Deine Tour!

Tour 2

Haus Egelborg in Legden

TOURSTART

Startpunkt ist der Bahnhof Legden – dieser hat einen Bahnsteig mit einem Gleis und der Zugang zum Bahnsteig ist stufenlos.

*Sie radeln vom Bahnhof zum **Knotenpunkt** 50.*

Legden ist seit Jahrzehnten für seine Dahlienzucht bekannt. Ein großer **Dahliengarten** im Ortskern präsentiert mehr als 160 Dahlienzüchtungen in drei großen Beeten. In der Blütezeit zwischen Mitte Juli und Mitte Oktober zeigen sie ihre Farbenpracht und Formenvielfalt.

Alle drei Jahre findet überdies am 3. Sonntag im September ein Dahlien-Kinder-Blumenkorso statt, bei dem Vereine und Nachbarschaften der Gemeinde mit Dahlien geschmückte Motivwagen vorführen. Nach dem Korso 2017 musste der Zug 2020 Coronabedingt ausfallen und ein nächster Korso für 2023 wurde geplant.

Einen Kilometer südwestlich des Ortszentrums von Legden passieren Sie **Haus Egelborg**. Das 1389 erstmals erwähnte Wasserschloss war mit Vorburg und Hauptschloss ursprünglich auf zwei Inseln errichtet worden. Heute werden beide Gebäude von zwei Gräften umgeben. Ältester erhaltener Gebäudeteil ist der 1559 im Stil der niederländischen Renaissance erbaute Nordflügel. Der ursprüngliche Westflügel wurde 1710 abgebrochen und durch den bis heute bestehenden Barockbau ersetzt. Die Vorburg wurde 1866 im Stile der Neogotik neu errichtet. Die nördlich des Schlosses stehende Mühle wurde 1907 neu erbaut. Sie reguliert den Wasserstand der Gräften. Seit 1670 befindet sich das Wasserschloss in Besitz der Freiherren von Oer.

*Vom **Knotenpunkt** 50 fahren Sie über die **Knotenpunkte** 87 und 86 Richtung 36 ins Zentrum von Ahaus.*

Hauptsehenswürdigkeit der Stadt ist das barocke 1 **Wasserschloss**, das der Fürstbischof von Münster, Friedrich Christian von Plettenberg, 1690 als Jagd-

Der Schlosshof von Schloss Ahaus

schloss an Stelle einer alten Burg errichten ließ. Der Bau weist Merkmale sowohl des französischen als auch des niederländischen Barocks auf.

1803 wurde das Schloss den Fürsten Salm-Salm und Salm-Kyrburg zugesprochen. 1819 mietete der Tabakfabrikant Hermann Oldenkott aus Amsterdam das Schloss und eröffnete im Nordflügel des Schlosses eine Tabakfabrik. 1829 erwarb Oldenkott das Schloss als Wohnsitz für eine Familie. Tabak wurde weiter bis zur Zerstörung des Schlosses bei einem Bombenangriff im März 1945 produziert. Nach dem Krieg erwarb der Kreis Ahaus die Ruine und baute das Schloss wieder auf. Heute ist darin die **Technische Akademie Ahaus** sowie ein **Torhaus- und Schulmuseum** untergebracht. Das Torhausmuseum zeigt Funde aus mittelalterlichen Ausgrabungen und Ausstellungsstücke zur Geschichte der Stadt. Im **Schulmuseum** wird der Schulalltag des 19. und 20. Jahrhunderts dargestellt.

An der **St.-Mariä-Himmelfahrtskirche** steht die Brunnenskulptur „Quellen – Fließen – Versickern – Trinken" der beiden Bildhauer Hans-Werner Kalkmann und

Stadtbrunnen in Ahaus

Jens Kalkmann. Fünf schwarze Sienit-Stelen spenden aus Quelltöpfen Wasser, das auf unterschiedlich lange Flächen aus rotem Granit abläuft. Radwanderer können an der Stele per Sensorknopf Trinkwasser zapfen. Der **Brunnen (Fontein)** des Aachener Künstlers Bonifatius Stirnberg zeigt Bäuerin, Holzschuhmacher und andere Handwerksberufe sowie das Ahauser Wasserfräulein.

*Unsere Tour führt aus dem Zentrum heraus weiter zum **Knotenpunkt** 36 am Rande des Ortsteils Wessum, in dem noch heute Holzschuhe hergestellt werden (s. Tour 1) und weiter zum **Knotenpunkt** 98.*

Dabei passieren Sie **Haus Horst**, eine Wasserburg aus dem 16. Jahrhundert. Das Herrenhaus, ein zweistöckiger, rechteckiger, schlichter Backsteinbau mit hohem Walmdach erhebt sich aus der Gräfte. Das Haus wurde 1896 und 2020 komplett restauriert. Es wird privat bewohnt und ist nur von außen zu besichtigen.

Kreuzgang von Stift Asbeck in Legden

*Sie radeln weiter über die **Knotenpunkte** 94 und 95 zum **Knotenpunkt** 63 in Heek.*

Der denkmalgeschützte **Eppingsche Hof** im Ortszentrum stammt in seinen ältesten Teilen aus dem Jahre 1857 und wird seit 1990 als Bürgerzentrum genutzt.

*Weiter geht es über die **Knotenpunkte** 91 und 90 zum **Knotenpunkt** 89 in Asbeck.*

Hier wurde im 12. Jahrhundert das 2 **Stift Asbeck** als Doppelkloster der Prämonstratenser gegründet, später als reines Nonnenkloster genutzt und im 16. Jahrhundert in ein freiweltliches Damenstift umgewandelt. Nach der Säkularisation im Jahr 1805 fiel das Kloster mit allem Besitz an die Grafen von Salm-Horstmar.

Von der Anlage sind noch die romanische Stiftskirche St. Margareta, das Haus der Äbtissinnen, das Torhaus aus dem Jahr 1630 und eine Mühle erhalten.

Reisemobilstellplätze an oder nahe der Route

Wohnmobilstellplatz am Kirmesplatz
Wüllener Straße, Ahaus

Wohnmobilstellplatz am Aquahaus
Unterortwick 32, Ahaus

Stift Asbeck in Legden

Das im 12. Jahrhundert errichtete **„Haus van Wüllen"** das ehemalige Wohnhaus der Äbtissinnen mit seinem Wappensaal ist zu besichtigen. Im Dormitorium ist heute das Stiftsmuseum eingerichtet, im Torhaus ein Ofenmuseum. Darüber hinaus werden die Gebäude für Veranstaltungen genutzt.

Die erstmals im 12. Jahrhundert erwähnte **Düstermühle** im Ortsteil Wehr liegt außerhalb der Route direkt an der Dinkel. Sie ist Veranstaltungsort für den historischen Düstermühlenmarkt, der auch heute noch jährlich am letzten Montag im August stattfindet. Er ist einer der größten Vieh- und Krammärkte des Münsterlandes. Noch heute werden hier Pferde per Handschlag gehandelt.

Sie fahren weiter zum ***Knotenpunkt*** *88 in Legden und den Schildern folgend Richtung 50 zum Bahnhof, Ihrem Ausgangspunkt.*

E-Bike Ladestationen an oder nahe der Route

Hubertus Apotheke
Hauptstraße 12, Legden

Radstation
Oldenkottplatz 2, Ahaus

Ahaus Information
Oldenkottplatz 2, Ahaus

Ladestation Burg Hohes Haus
Burg 18, Heek

Alte Mühle
Hauptstraße 59, Heek

Bäckerei Ebbinghoff
Hauptstraße 56, Heek

Landgasthof Zur Düstermühle
Wehr 252, Legden-Abeck

Dorfteich Asbeck
Schöppinger Straße 2, Legden-Asbeck

Hotel-Restaurant Enseling
Heeker Straße 37, Legden-Asbeck

Dreiländersee bei Gronau

Tour 3 Länge 43 km

EINE DREILÄNDER-TOUR

Eine Rundtour von Gronau über Losser und Bad Bentheim zurück nach Gronau

Die landschaftlich reizvolle und abwechslungsreiche Tour führt von Gronau über das niederländische Dorf Losser zur Höhenburg Bentheim in Niedersachsen und durch ein ehemaliges Moorgebiet zurück nach Gronau.

Was erwartet mich?

43,1 km, eine Tour auf überwiegend naturbelassenen und asphaltierten Wirtschaftswegen, durch die wellige Parklandschaft. Vor Bad Bentheim gibt es bei Gildehaus eine deutliche Steigung, ansonsten ist es absolut eben.

Wie komm' ich hin?

ÖPNV: Bahnhof Gronau
Mit dem Auto: A 30, Ausfahrt Gronau/Ochtrup, in Gronau: Zollstraße

Was muss Ich sehen?

1 Burg Bentheim
2 rock'n'popmuseum Gronau

Wo tank' ich auf?

Landgasthaus Niermann
Alte Landstr. 22, Bad Bentheim, Ortsteil Gildehaus
Gaststätte Grafschafter Stube
Schloßstraße 16, Bad Bentheim
Minigolf und Biergarten am Dreiländersee
Gronau

Kartentipp: **ADFC-Regionalkarte Münsterland,** 1:75.000

Scan den QR-Code & hol Dir Deine Tour!

Tour 3

TOURSTART

Sie starten am Bahnhof in Gronau. Der Bahnhof hat zwei Bahnsteige mit drei Gleisen. Der Bahnsteig mit den Gleisen 1 und 2 ist über einen Aufzug erreichbar, der Bahnsteig mit Gleis 3 über eine Rampe. Auf den Bahnsteigen stehen Infostelen mit Rufverbindung.

*Sie radeln vom Bahnhof Gronau (**Knotenpunkt** 87) über den **Punkt** 53 geradeaus an der Grenze zu den Niederlanden entlang und weiter über die Grenze über die **Knotenpunkte** 4 und 15 und 46 zum **Knotenpunkt** 13 in Losser.*

Der in Backsteinbauweise errichtete gotische **Martinusturm** im Ortszentrum stammt aus dem 14. Jahrhundert.

*Weiter radeln Sie über den **Knotenpunkt** 18 und über die Grenze nach Deutschland zum **Knotenpunkt** 70 und 23 im niedersächsischen Forst Bentheim. Über die **Knotenpunkte** 36, 50, 96 und 18 gelangen Sie nach einer deutlichen Steigungsstrecke zum **Knotenpunkt** 75 im Bad Bentheimer Ortsteil Gildehaus.*

Dabei passieren Sie den **jüdischen Friedhof**, auf dem zwei Grabsteine und weitere Bruchstücke erhalten blieben. In der Nazizeit wurde der Friedhof verwüstet, die Grabsteine entwendet, in Stücke geschlagen und im Garten eines NSDAP-Funktionärs als Wegplatten verlegt.

Die **Lukasmühle** aus dem Jahr 1720 war die erste Mühle in der Grafschaft Bentheim, die komplett aus Sandstein errichtet wurde. Nach einem Sturmschaden 1791 wurde sie renoviert und bis zum Ostersonntag 1945 betrieben, als kanadische Truppen Gildehaus beschossen und die Mühle bis auf den Stumpf ausbrannte. Der Künstler Friedrich Hartmann übernahm 1947 die Ruine und baute sie als Atelier und Wohnung aus. Heute befindet sich in der Mühle ein Museum, das an den Künstler erinnert.

Ostmühle in Bad Bentheim

Die heutige **Ostmühle** wurde 1750 aus Bentheimer Sandstein an der Stelle errichtet, an der zuvor schon eine zwischen 1610 und 1618 erbaute hölzerne Ständermühle und deren ebenfalls hölzerne Nachfolgerin aus der Zeit zwischen 1668 und 1680 standen. 1937 wurde die Mühle renoviert und 1939 auf Elektroantrieb umgerüstet. Bis nach dem Zweiten Weltkrieg wurde sie zur Haferflockenherstellung genutzt. 1966 erhielt die Mühle neue Flügel und wurde später renoviert. Seit 1986 wird sie von Freizeitmüllern betrieben.

Für Interessierte lohnt ein kleiner Abstecher ins **Otto-Pankok-Museum** im Alten Rathaus. Der Künstler lebte 1936 für einige Zeit in Gildehaus und hielt das Dorf, seine Bewohner und die Natur in einer Vielzahl von Kohlezeichnungen fest. Das Lebenswerk von Otto Pankok umfasst über 6000 Kohlezeichnungen, fast 800 Holzschnitte, über 800 Radierungen, ungefähr 500 Lithographien, Steinschnitte und Monotypien, zahlreiche Zeichnungen für die Düsseldorfer Zeitung „Der Mittag" und über 200 Plastiken. Der Erste Weltkrieg hatte Pankok traumatisiert und seine frühe humanistische Einstellung verstärkte sich zu einem lebenslangen

Pazifismus, der auch in seinen Werken Ausdruck fand. Pankoks Holzschnitt „Christus zerbricht das Gewehr" aus dem Jahr 1950 wurde für die deutsche Friedensbewegung vor allem in den 1980er Jahren zum Symbol.

Auf der weiteren Route passieren Sie die gotische **Hallenkirche von Gildehaus**, deren Kirchturm der niederländische Landschaftsmaler Jacob van Ruisdael (1648–1682) nach Reisen durch das deutsch-niederländische Grenzgebiet mehrfach in seinen Bildern darstellte.

*Sie fahren weiter über die **Knotenpunkte** 24, 55, 77, 30, 51, 26 zum **Knotenpunkt** 7.*

Die Route verläuft unterhalb der 1 **Burg Bentheim**. Die beeindruckende frühmittelalterliche Höhenburg zählt zu den größten und schönsten Burganlagen Nordwestdeutschlands. Urkundlich erwähnt wurde sie bereits um 1050. Ihre Blütezeit erlebten die Grafen von

Burg Bentheim

Bentheim Ende des 16. Jahrhunderts unter Graf Arnold II., der hier die Reformation mit Orientierung auf Calvin und Zwingli einführte. Arnold II. besaß seinerzeit neben Bentheim noch eine weitere Anzahl kleiner Territorien, darunter die Grafschaften Tecklenburg und Steinfurt im Münsterland sowie kleinere Gebiete am Niederrhein.

Durch Besetzungen und Plünderungen während des Dreißigjährigen Krieges, Missernten und Pestausbrüche verarmte die Grafschaft und fiel schließlich an das Kurfürstentum Hannover.

Die **Burg Bentheim** ist bis heute im Besitz des Fürstenhauses zu Bentheim-Steinfurt. Bis auf einen kleinen privat genutzten Teil ist sie als Museum eingerichtet und kann mit oder ohne Führung besichtigt werden. Besonders sehenswert ist in der Katharinenkirche der Burg das frühromanische Steinkreuz „Herrgott von Bentheim". Um das Jahr 1000 aus Bentheimer Sandstein geschaffen, zählt es zu den frühesten Christusdarstellungen in Mitteleuropa.

Wanderweg im Gildehauser Venn

Das Bad **Bentheimer Sandsteinmuseum** in einem historischen Ackerbürgerhaus dokumentiert die Bedeutung dieses besonders harten und widerstandsfähigen Sandsteins, der heute noch in Bentheimer und Gildehauser Gruben gefördert wird. Er wurde vom 15. bis 18. Jahrhundert auch in die Niederlande, nach Belgien und Dänemark exportiert. So wurden das Königliche Palais in Amsterdam, das Theater und die Frauenkirche in Antwerpen und die katholische Kirche in Aarhus aus diesem Stein erbaut.

Ein weiteres **Museum am Herrenberg** zeigt Gemälde niederländischer Meister aus dem 17. bis 19. Jahrhundert, darunter ein Gemälde von Jacob van Ruisdael mit dem Motiv der Burg Bentheim.

*Sie radeln wieder ein Stück zurück und weiter über die **Knotenpunkte** 26, 51, 97, 28, 32, 14, 53 und 80 zum **Knotenpunkt** 2 am Dreiländersee.*

Die Route führt durch das Naturschutzgebiet **Gildehauser Venn**. Dieses Moor- und Heidegebiet ist durchzogen von flachen, lang gestreckten Dünenrücken. Hier

Reisemobilstellplätze an oder nahe der Route

Wohnmobilstellplatz am Dreiländersee
Hagelsweg 8, Gronau
Wohnmobilstellplatz am Mühlenberg
Mühlenberg, Bad Bentheim
Wohnmobilstellplatz am Schlosspark
Funkenstiege, Bad Bentheim

rock'n'popmuseum in Gronau

wachsen die Glocken-Heide und auch Schilfrohr und Moorlilien. Wenn Sie etwas Glück haben, können Sie selten gewordene Vogelarten wie Neuntöter, Kiebitz, Großer Brachvogel und Bekassine beobachten.

Der 28 ha große **Dreiländersee** markiert die Grenze zu den Niederlanden zwischen den Bundesländern Niedersachsen und Nordrhein-Westfalen. Das in den 1970er Jahren künstlich angelegte Gewässer ist als Badesee auch wegen seiner guten Wasserqualität sehr beliebt. Auch Segler und Ruderer treiben hier gerne ihren Sport.

*Über die **Knotenpunkte** 5, 52 und 53 gelangen Sie zum **Knotenpunkt** 87 am Bahnhof in Gronau, Ihrem Ausgangspunkt.*

Nahe dem Bahnhof lädt das 2 **rock'n'popmuseum** zur Besichtigung ein. Die Dauerausstellung dokumentiert die Musikgeschichte des 20. Jahrhunderts, eingebettet in eine thematische Klammer, die die Black Music und die Elektronische Musik darstellt. Die Idee zur Gründung des rock'n'popmuseums hatte der in Gronau geborene Rockmusiker Udo Lindenberg. Das Museumsgebäude war früher die Turbinenhalle des Textilunternehmens Mathieu van Delden.

E-Bike Ladestationen

Am Bahnhof Gronau

Touristinfo Gronau
Konrad-Adenauer-Straße 45, Gronau

Fahrradservicestation Ostmühle
Mühlenberg 6, Bad Bentheim-Gildehaus

Fahrradservicestation Mineraltherme
Am Bade 1, Bad Bentheim

Haus Welbergen

DER BESONDERE TON DER TÖPFER

Eine Rundtour von Gronau über Ochtrup und Metelen zurück nach Gronau

Die 58 Kilometer lange, abwechslungsreiche Tour führt von Gronau durch die Felderlandschaft ins Töpferdorf Ochtrup und über Welbergen und Metelen zurück nach Gronau.

Was erwartet mich?

58,2 km, eine Tour auf überwiegend naturbelassenen und asphaltierten Wirtschaftswegen, aber auch entlang von Straßen. Die Tour ist bis auf eine kleine Steigung vor Ochtrup überwiegend eben.

Wie komm' ich hin?

ÖPNV: Bahnhof Gronau
Mit dem Auto: A 30, Ausfahrt Gronau/Ochtrup, in Gronau: Zollstraße

Was muss ich sehen?

1 Töpfermuseum Ochtrup
2 rock'n'popmuseum Gronau

Wo tank' ich auf?

Minigolf und Biergarten am Dreiländersee
Gronau
Gaststätte „Zur alten Mühle"
Turmstraße 24, Ochtrup
Landhaus Leuters
Mühlentor 19, Metelen

Kartentipp: **ADFC-Regionalkarte Münsterland, 1:75.000**

Scan den QR-Code & hol Dir Deine Tour!

Tour 4

TOURSTART

Sie starten am Bahnhof in Gronau. Der Bahnhof hat zwei Bahnsteige mit drei Gleisen. Der Bahnsteig mit den Gleisen 1 und 2 ist über einen Aufzug erreichbar, der Bahnsteig mit Gleis 3 über eine Rampe. Auf den Bahnsteigen stehen Infostelen mit Rufverbindung.

*Sie verlassen den Bahnhof (**Knotenpunkt** 87) auf der Bahnhofstraße, links Neustraße, vor dem Fluss Dinkel rechts auf den Paßweg, links Konrad-Adenauer-Straße, rechts/links auf die Hermann-Ehlers-Straße und immer geradeaus Richtung Ochtrup. Hier treffen wir auf das Knotennetz und fahren auf dem Gausebrink zum **Knotenpunkt** 42 und links weiter ins Zentrum von Ochtrup.*

In Gronau passieren Sie am Kreisverkehr an der Ochtruper Straße das **Udo-Lindenberg-Denkmal**. Die 3 Meter hohe Bronzeskulptur wurde anhand eines Bildes entworfen, das für das Tourplakat 2012 verwendet wurde, und Udo Lindenberg bei einem seiner Liveauftritte zeigt. Die Statue wurde 2015 von Udo Lindenberg persönlich enthüllt.

Die Gemeinde Ochtrup hat eine lange Tradition als **Töpferort**. Im heutigen Naturschutzgebiet Brechte nordöstlich von Ochtrup gibt es ergiebige Tonvorkommen, um die es gegen Ende des 16. Jahrhunderts sogar blutige Kämpfe zwischen Bentheimer und Ochtruper Bürgern gab. Ihre Blütezeit erlebte die Ochtruper Töpferei im 18. und frühen 19. Jahrhundert. Um 1800 gab es in Ochtrup 23 Töpfereien. Exportiert wurde die Ware ins Münsterland, ins Emsland und die Niederlande. Besonders beliebt war und ist die „Ochtruper Nachtigall", eine Gefäßflöte, die mit Wasser gefüllt, den Gesang einer Nachtigall imitiert.

*Unsere Tour führt durch Ochtrup zum **Knotenpunkt** 17.*

Im ehemaligen Wohnhaus der Töpferfamilie Eiling in der Töpferstraße 10, einem Ackerbürgerhaus in Dreiständerbauweise, ist heute das 1 **Töpfereimuseum Ochtrup** eingerichtet. Das Originalmobiliar stammt zum Teil aus der Zeit der Jahrhundertwende um 1900. Die ältesten gezeigten Objekte stammen aus dem 14. und 15. Jahrhundert. Blauweiße Keramik, zum Teil kunstvoll bemalt, wird als eine Besonderheit der Ochtruper Töpferei seit dem Beginn des 20. Jahrhunderts hergestellt.

Udo-Lindenberg-Denkmal in Gronau

Sie radeln weiter über die ***Knotenpunkte*** *96 und 97 in Richtung* ***Knotenpunkt*** *5 in Metelen, biegen aber hinter den Bahnschienen nicht rechts sondern ein Stück weiter links ab zum Bahnhof Metelen Land. Sie folgen der Straße rechts und treffen beim Dino Zoo Metelen das Knotennetz, deren Ausschilderung Sie zum* ***Knotenpunkt*** *7 und weiter zur 6 folgen.*

Auf der Route passieren Sie im Ortsteil Langenhorst die **Wasserburg Haus Welbergen**, die auf die Herren von Welleberghe zurückgeht, die dort im 13. Jahrhundert residierten und der Burg ihren Namen gaben. Ende der 1920er Jahre kaufte der Bankier Jordaan van Heek die Burg, die nach dem Tod seiner Witwe mit umfangreichem Grundbesitz in eine Stiftung überführt wurde. Die Parkanlage von Haus Welbergen gehört zum European Garden Heritage Network (Europäisches Gartennetzwerk). Die Anlage und auch der Innenhof sind zu besichtigen.

Eisenbahnmuseum im ehemaligen Bahnhof „Metelen-Land“

In unmittelbarer Nachbarschaft steht der **Alte Posthof**, ein eindrucksvolles Vier-Ständer-Fachwerkhaus aus dem Jahr 1598, das lange Zeit ein renommiertes Restaurant beherbergte. Heute ist dort ein Fitnessclub mit Café untergebracht.

Im Metelener Ortsteil Naendorf lohnt ein Halt beim **Eisenbahnmuseum Metelen Land**. Das Museum ist im ehemaligen Bahnhofsgebäude aus dem 19. Jahrhundert untergebracht, das vor dem Abriss bewahrt werden konnte, als der Bahnhof 1984 zum Haltepunkt zurückgebaut wurde. Gezeigt werden eine Uniform- und Mützensammlung, die voll funktionsfähige mechanische Stellwerkeinrichtung des Bahnhofs, ein Fahrkartendrucker, eine Personenwaage mit Kartenausgabe, eine Modelleisenbahnanlage sowie eine Orts- und Fernschranke. Ein Salonwagen, Werkstattwaggons und Gleisbaugeräte sowie eine Industriediesellok sind auf dem Außengelände zu besichtigen.

Das Museum ist allerdings nur am 1. Sonntag im Monat, 14 bis 18 Uhr und am 1. Donnerstag im Monat, ab 18:30 Uhr geöffnet!

Durch die Metelener Heide radeln Sie zum **Dino Zoo Metelen**, eine Kombination aus Nachbildungen

Reisemobilstellplätze an oder nahe der Route

Wohnmobilstellplatz am Dreiländersee
Hagelsweg 8, Gronau

Wohnmobilstellplatz am Gasthaus Happens Hof
Kranenbült, Ochtrup

Wohnmobilstellplatz am Mühlenmuseum
Mühlenpättken, Metelen

bekannter Dinosaurier-Arten und lebenden Tieren wie Alpakas, Kängurus, Shetlandponys, Damwild, Nandus und Fuchsmangusten. Früher hatte es auf diesem Gelände einen Vogelpark und später einen Abenteuerzoo gegeben.

Das Zentrum von Metelen erreichen Sie am **Knotenpunkt 5**. Dort bietet sich ein kleiner Abstecher zum **Mühlen- und Sägewerkmuseum „Plagemanns Mühle"** an. Eine erste Wassermühle dürfte an dieser Stelle bereits bald nach der Gründung des Stiftes Metelen im Jahre 889 errichtet worden sein. Bei der heutigen Mühle wurde 1902 anstelle des Wasserrades eine Turbine eingebaut. Der Heimatverein betreut heute die Kornmühle und das angrenzende Sägewerk, das voll betriebsfähig ist und als Mühlenmuseum genutzt wird.

Mühlen- und Sägewerk-Museum „Plagemanns Mühle" in Metelen

*Weiter geht es von Metelen über die **Knotenpunkte** 4, rechts 44, 43 und links 7 Richtung **Punkt** 6, Sie biegen aber vorher auf der Ochtruper Straße links ab und fahren auf dem gleichen Weg wieder zurück zum Bahnhof in Gronau.*

Nahe dem Bahnhof lädt das 2 **rock'n'popmuseum** zur Besichtigung ein. Die Dauerausstellung dokumentiert die Musikgeschichte des 20. Jahrhunderts, eingebettet in eine thematische Klammer, die die Black Music und die Elektronische Musik darstellt. Die Idee zur Gründung des rock'n'popmuseums hatte der in Gronau geborene Rockmusiker Udo Lindenberg. Das Museumsgebäude war früher die Turbinenhalle des Textilunternehmens Mathieu van Delden.

E-Bike Ladestationen an oder nahe der Route

Am Bahnhof Gronau

Touristinfo Gronau
Konrad-Adenauer-Straße 45, Gronau

Gaststätte Kapellenhof
Dorfstr. 15, Ochtrup-Welbergen

Gaststätte Landgasthaus
Metelener Damm 14, Ochtrup-Langenhorst

Heidehotel am Vogelpark
Samberg 61, Metelen

vor dem Rathaus
Sendplatz 18, Metelen

Landhaus Leuters
Mühlentor 19, Metelen

Tour 5

Länge 50 km

Alter Posthof in Welbergen

DURCH DAS STEINFURTER LAND

Eine Rundtour von Burgsteinfurt über Metelen, Welbergen und Neuenkirchen zurück nach Burgsteinfurt

Die Tour durch die ehemalige Grafschaft Steinfurt führt zu Zeugnissen alten Handwerks und frühem Kanalbau sowie zu beeindruckenden Fachwerkbauten.

Was erwartet mich?

50 km, eine Tour auf überwiegend asphaltierten und naturbelassenen Wirtschaftswegen, durch die wellige Parklandschaft. Auf dem Rückweg nach Burgsteinfurt gibt es eine leichte Steigung.

Wie komm' ich hin?

ÖPNV: Bahnhof Steinfurt
Mit dem Auto: A 1, Kreuz Münster-Nord, B 54 nach Steinfurt, dort Bahnhofstraße.

Was muss ich sehen?

1. Wasserburg Haus Welbergen
2. Alter Posthof in Welbergen
3. Schloss Steinfurt

Wo tank ich auf?

Landhaus Leuters
Mühlentor 19, Metelen
Gaststätte Sandmann
Dorfstraße 9, Ochtrup-Welbergen
Wettringer Sommergarten
Bahnhofstraße 25, Wettringen
Solo´s ewige Liebe (ehemals Seecafé)
Offlumer See 1A, Neuenkirchen
Westfalenschänke
Markt 9, Steinfurt

Kartentipp: **ADFC-Regionalkarte Münsterland, 1:75.000**

Scan den QR-Code & hol Dir Deine Tour!

Tour 5

TOURSTART

Sie starten am Bahnhof Burgsteinfurt. Der Bahnhof hat zwei Bahnsteige mit jeweils einem Gleis. Beide Bahnsteige sind über eine Rampe zugänglich.

*Sie radeln vom Bahnhof (**Knotenpunkt** 54) zum **Knotenpunkt** 3 in Metelen.*

Dabei passieren Sie in der Metelener Heide den **Dino Zoo Metelen**, eine Kombination aus Nachbildungen bekannter Dinosaurier-Arten und lebenden Tieren wie Alpakas, Kängurus, Shetlandponys, Damwild, Nandus und Fuchsmangusten. Früher hatte es auf diesem Gelände einen Vogelpark und später einen Abenteuerzoo gegeben.

*Weiter geht es über den **Knotenpunkt** 5 rechts zum **Knotenpunkt** 97 und 96 in Welbergen.*

In Metelen passieren Sie das **Mühlen- und Sägewerkmuseum „Plagemanns Mühle"**. Eine erste Wassermühle dürfte an dieser Stelle bereits bald nach der Gründung des Stiftes Metelen im Jahre 889 errichtet worden sein. Bei der heutigen Mühle wurde 1902 anstelle des Wasserrades eine Turbine eingebaut. Der Heimatverein betreut heute die Kornmühle und das angrenzende Sägewerk, das voll betriebsfähig ist und als Mühlenmuseum genutzt wird.

Im Metelener Ortsteil Naendorf lohnt für Eisenbahnfreunde ein kleiner Abstecher zum **Eisenbahnmuseum Metelen** Land. Das Museum ist im ehemaligen Bahnhofsgebäude aus dem 19. Jahrhundert untergebracht, das vor dem Abriss bewahrt werden konnte, als der Bahnhof 1984 zum Haltepunkt zurückgebaut wurde. Gezeigt werden eine Uniform- und Mützensammlung, die voll funktionsfähige mechanische Stellwerkeinrichtung des Bahnhofs, ein Fahrkartendrucker, eine Personenwaage mit Kartenausgabe, eine Modelleisenbahnanlage sowie eine Orts- und Fernschranke. Ein Salonwagen, Werkstattwaggons und Gleisbaugeräte sowie eine Industriediesellok sind auf dem Außengelände zu besichtigen.

Das Museum ist allerdings nur am 1. Sonntag im Monat, 14 bis 18 Uhr und am 1. Donnerstag im Monat, ab 18:30 Uhr geöffnet!

Haus Welbergen

Auf der weiteren Route passieren Sie die 1 **Wasserburg Haus Welbergen**, die auf die Herren von Welleberghe zurückgeht, die dort im 13. Jahrhundert residierten und der Burg ihren Namen gaben. Ende der 1920er Jahre kaufte der Bankier Jordaan van Heek die Burg, die nach dem Tod seiner Witwe mit umfangreichem Grundbesitz in eine Stiftung überführt wurde. Die Parkanlage von Haus Welbergen gehört zum European Garden Heritage Network (Europäisches Gartennetzwerk). Die Anlage und auch der Innenhof sind zu besichtigen.

In unmittelbarer Nachbarschaft steht der 2 **Alte Posthof**, ein eindrucksvolles Vier-Ständer-Fachwerkhaus aus dem Jahr 1598, das lange Zeit ein renommiertes Restaurant beherbergte. Heute ist dort ein Fitnessclub mit Café untergebracht.

In Langenhorst steht nahe der Vechte noch ein „Spieker", ein **Fachwerkspeicher** aus dem Jahre 1905.

*Vom **Knotenpunkt** 96 geht es weiter über die 33 und 34 zum **Punkt** 38 in Wettringen.*

Dort passieren Sie das **Heimathaus Ahlers**, ein typisch westfälisches Bauernhaus in Zweifachständerfachwerk-Bauweise aus dem Jahr 1520. Darin ist der

Pfarrkirche St. Anna in Neuenkirchen

Wettringer Heimatverein untergebracht, der eine Vielzahl von Ausstellungsstücken präsentiert und Informationen für Gäste bereithält.

In Wettringen folgen Sie der Beschilderung zum ***Knotenpunkt*** *35 und rechts weiter zur 36.*

Dabei passieren Sie das kleine Dorf Maxhafen Es bildete einst den nördlichen Endhafen des **Max-Clemens-Kanals.** Clemens August I. von Bayern, Fürstbischof von Münster, gab 1724 das erste Teilstück des Kanals in Auftrag, der ursprünglich Münster an das Wasserstraßennetz der Niederlande anbinden sollte. Bis 1730 wurde ein erstes Teilstück bis Clemenshafen fertiggestellt und im nächsten Jahr in Betrieb genommen. Unter dem nachfolgenden Fürstbischof Maximilian Friedrich von Königsegg-Rothenfels wurde zwischen 1766 und 1771 ein weiteres sechs Kilometer langes Teilstück bis Maxhafen gebaut.

In besten Zeiten verkehrte hier als Standardschiff ein hölzerner Frachtkahn von drei Meter Breite und 16,5 Meter Länge mit einer Tragkraft von etwa 10 Tonnen. Außerdem beförderte ein Postschiff zweimal wöchentlich auch Personen auf dem Kanal.

Der Weiterbau gestaltete sich jedoch schwierig, da der Kanal wegen mangelnder Wasserzufuhr im Sand versickerte. Obendrein verlor der Kanal nach dem Wiener Kongress 1814 seine handelsstrategische Bedeutung, weil Preußen auf den Rhein als Wasserstraße setzte und der Kanal gegen die zunehmend besser ausgebauten Chausseen konkurrieren musste. Trotz des Engagements der münsterschen Kaufmannschaft für den Erhalt des Kanals wurde der Schiffsbetrieb am 10. Februar 1840 offiziell eingestellt.

Heute ist der Kanal oft nur noch als Mulde erkennbar und als „Technisches Bodendenkmal" unter Schutz gestellt. In Münster schüttete man den Kanal bereits Ende des 19. Jahrhunderts zu. Hier erinnert nur noch Name „Kanalstraße" an ihn.

Am **Knotenpunkt** 36 erreichen Sie das **Naherholungsgebiet Offlumer See**. Es bietet eine Strandpromenade und einen weiten Badestrand Gelegenheit für eine Ruhepause.

Anschließend führt die Tour weiter zum ***Knotenpunkt*** *37 in Neuenkirchen und nach rechts durch die Innenstadt zum* ***Punkt*** *39 in St. Arnold.*

Wahrzeichen der Gemeinde Neuenkirchen ist die **neoromanische St. Anna-Kirche**, die von 1896 bis 1899 nach Plänen des Architekten Wilhelm Rincklake aus Münster errichtet wurde. Der Ortsteil St. Arnold ist nach dem 1928/1929 errichteten **Missionshaus St. Arnold** benannt. Der 2003 heilig gesprochene Arnold Janssen war der Gründer der Steyler Missionare im niederländischen Steyl.

Dieser Orden richtete hier nahe der Bahnstation Neuenkirchen Land und dem so genannten „Repressalien-Lager" für französische und russische Kriegsgefangene im Ersten Weltkrieg eine Niederlassung mit einer Internatsschule zur Ausbildung von neuen Missionaren ein. Nach dem Zweiten Weltkrieg siedelten sich in St. Arnold Flüchtlinge und Vertriebene aus den ehemaligen Ostgebieten an.

Reisemobilstellplätze an oder nahe der Route

Wohnmobilstellplatz an der Polizeistation
Liedekerker Straße 70,
Steinfurt

Wohnmobilstellplatz am Mühlenmuseum
Mühlenpättken, Metelen

Das heutige **Arnold-Janssen-Gymnasium** des Bistums Münster gehört mit mehr als 1000 Schülerinnen und Schülern zu den größten Schulen im Münsterland. Nachdem 2008 die letzten Missionare St. Arnold verlassen hatten, wurde 2016 das Missionshaus mit der Kirche abgebrochen, um einem Erweiterungsbau des Gymnasiums Platz zu machen.

*Sie radeln über die **Knotenpunkte** 40, 58 und 57 zum **Knotenpunkt** 56 in der Innenstadt von Burgsteinfurt. Der*

Tour 5

Schloss Steinfurt

E-Bike Ladestationen an oder nahe der Route

Cafe am Markt
Markt 11, Steinfurt
Café Schwan
Steinstraße 7, Steinfurt
Radstation Burgsteinfurt
DNL-mobiel GmbH,
Bahnhofstr. 35B, Steinfurt
Heidehotel am Vogelpark
Samberg 61 Metelen
vor dem Rathaus
Sendplatz 18, Metelen
Landhaus Leuters
Mühlentor 19, Metelen
Ladesäule Bürgerhalle Wettringen
Unter den Linden 6a,
Wettringen
Ladesäule am Heimathaus Wettringen
Werninghoker Straße 5,
Wettringen
Solo´s ewige Liebe (ehemals Seecafé)
Offlumer See 1A,
Neuenkirchen
E.Bike Ladestation am Rathaus
Hauptstraße 16,
Neuenkirchen

Bahnhof, Ihr Ausgangspunkt ist auch als ***Knotenpunkt*** *64 ausgeschildert.*

Die Stadt Burgsteinfurt mit u.a. seinem 3 **Schloss Steinfurt** lohnt eine ausführliche Besichtigung. Weitere Informationen finden Sie im ausführlichen **Ortsporträt Steinfurt** (siehe Seiten 50-55).

Orts-portrait

STEINFURT

Die heutige Stadt Steinfurt besteht seit 1975 aus dem Zusammenschluss der zuvor eigenständigen Städte Burgsteinfurt und Borghorst.

Burgsteinfurt ist historisch eine überaus interessante Stadt. Sie ist im Unterschied zu anderen Städten des Münsterlandes stark evangelisch geprägt und besitzt die älteste Wasserburg und die älteste Hochschule Westfalens. Im Stadtkern finden sich Bürgerhäuser aus allen Epochen.

Schloss Steinfurt stammt aus dem 12. Jahrhundert und wird noch heute von der Familie des Fürsten zu Bentheim-Steinfurt bewohnt. Das Schloss liegt auf

zwei von der Steinfurter Aa umflossenen, künstlich aufgeschütteten Inseln, die **Vorburg** westlich der **Hauptburg**. Nördlich der Straße befindet sich die **Schlossmühle** mit den zugehörigen Stauanlagen.

Als Erbauer wird Rudolf II. von Stenvorde, Edelherr von Steinfurt, erstmals 1129 urkundlich erwähnt. Damals bestand seine Burg aus einem quadratischen Wohnturm mit zwei Meter dicken Mauern auf einer künstlich angelegten Insel. Später errichteten die Her-

Schloss Steinfurt, Innenhof

Torhaus von Schloss Steinfurt

ren von Steinfurt auf einer weiteren künstlichen Insel einen mächtigen Festungsturm. Die heutige Hauptburg ist ein Rundbau und beinhaltet Bauelemente aus allen Stilepochen seit dem 12. Jahrhundert. Die ältesten Teile sind Reste der Ringmauer, der Torturm und die romanische Doppelkapelle. Daran schließt sich das „Neue Steinhaus" mit dem Rittersaal an. Aus dem Jahre 1559 stammt das westlich der Kapelle stehende Haus der Gräfin Walburg mit einer prachtvollen, reich mit Ornamenten der Frührenaissance verzierten, zweigeschossigen, Auslucht – ein Werk des Münsteraner Bildhauers Johann Brabender.

Seit 2009 wird das Schloss ausschließlich privat genutzt. Seit 2019 findet nach Anmeldung am ersten Freitag eines Monats eine Führung für geschlossene Gruppen über das Schlossgelände statt.

Hohe Schule

Südöstlich des Schlosses erstreckt sich der **Schlosspark** mit dem Namen **Bagno**. Ursprünglich war er ab 1765 als französischer Garten angelegt worden, dann wurde er ab 1780 im Stil der englischen Gärten umgestaltet. Ein 1787 vom französischen Kupferstecher Georges Louis Le Rouge in Paris veröffentlichter Grundrissplan des Bagnos verzeichnete 105 verschiedene Bauwerke, Wasserspiele, Brücken, Spielstätten, Statuen, Inseln, Gärten und Wege, die auf einem Gelände von 125 Hektar verteilt waren. Die Parkanlage war und ist öffentlich zugänglich.

Altes Rathaus

Bereits 1544 führte Graf Arnold II. in den Grafschaften Bentheim-Steinfurt die lutherische Lehre ein. Zwischen 1588 und 1598 erfolgte ein Wechsel zum calvinistischen Protestantismus. 1558 gründet Graf Arnold III. zu Bentheim und Steinfurt das **Gymnasium Arnoldinum** mit den drei Fächern Grammatik, Rhetorik und Dialektik. Zwischen 1591 und 1593 ließ Arnold IV. die **„Hohe Schule Steinfurt"** als Universität bauen, die auch die Fakultäten Theologie, Jurisprudenz, Physik, Medizin und Philosophie umfasste.

Das repräsentative Gebäude der „Hohen Schule Steinfurt", das mit seinen schiefergedeckten welschen Turmhauben das Stadtbild prägt, wird heute von der **Volkshochschule** und der **Musikschule** genutzt.

Am Markt steht der Renaissancebau des **Alten Rathauses** mit seinem markanten Giebel, der mit Rundfenstern und zwei Spitzbogenfenstern gegliedert ist. Ein Turm mit Spitzhelm und einer umlaufenden Galerie krönt das Bauwerk. 1561 erbauten die Bürger in Burgsteinfurt ihr Rathaus. Bis 1922 gab es im Untergeschoss eine offene Halle, in der Fleischereien, die Waage, die Stadtwache und das Gefängnis untergebracht waren. Die rund 600 Jahre alte **Glocke** im Rathausturm, die zur halben und vollen Stunde schlägt, war ursprünglich für die Große Kirche bestimmt, gelangte aber in die Hände der Bürgerschaft.

Den **Marktplatz** flankieren sehenswerte **Bürgerhäuser** verschiedener Stilepochen. Das Renaissancehaus Markt 16, das Beamtenhaus Kestering mit dem markanten Treppengiebel im Stil eines holländischen Grachtenhauses, wurde 1648 errichtet. Das Haus Markt 13, das so genannte Haus Pieter van der Swaagh, wurde 1784 mit einer Fassade im schlichten Schwarz-Weiß errichtet.

Die **Große Kirche** südwestlich des Schlosses war ursprünglich dem irischen Mönch Willibrord gewidmet, der in sächsischer Zeit als Missionar tätig war. Im 9.

Jahrhundert wurde hier eine kleine Holzkapelle errichtet, die vor 1222 durch eine Steinkirche ersetzt wurde. Die Fundamente der Großen Kirche stammen aus vorromanischer Zeit. Auf der Südseite der Kirche sind einige romanische Mauerreste des Vorgängerbaues erhalten. Der heutige Bau war 1564 fertiggestellt.

Die **Kleine Kirche** nordwestlich des Schlosses geht auf eine im 14. Jahrhundert gegründete Armenstiftung zurück. Der heutige Bau wurde zwischen 1471 und 1477 als spätgotischer, einschiffiger Saalbau errichtet. Im Zweiten Weltkrieg nach einem Bombenangriff abgebrannt, wurde die Kirche später restauriert.

Im Ortsteil **Borghorst** zeigt das **Heinrich-Neuy-Bauhaus-Museum** Werke und Objekte des Bauhauskünstlers Heinrich Neuy, der von 1932 bis zu seinem Tod 2003 in Borghorst lebte und wirkte. Das Museum ist in einem ehemaligen Stiftskurienhaus des Damenstifts Borghorst (Kirchplatz 5) eingerichtet. Zu den Exponaten zählen Gemälde, Tischlerarbeiten, Sessel und Stühle sowie weitere bauhaustypische Objekte wie Lampen, Türklinken und Tapeten.

Bürgerhäuser am Marktplatz von Steinfurt

Falkenhof in Rheine

Tour 6

Länge 57 km

VON DER RESIDENZ ZUM VERSUNKENEN KANAL

Eine Rundtour von Rheine über Emsdetten und Neuenkirchen zurück nach Rheine.

Die Tour führt durch die Landschaft nahe der Ems und durch das Naturschutzgebiet der Emsaue zu einem kühnen Kanalprojekt des 18. Jahrhunderts. Ein sehenswertes Highlight bietet der herrschaftliche Falkenhof in der Stadt Rheine.

Was erwartet mich?

57,5 km, eine Tour auf überwiegend asphaltierten und naturbelassenen Wirtschaftswegen durch die ebene Felderlandschaft westlich der Ems.

Wie komm' ich hin?

ÖPNV: Bahnhof Rheine

Mit dem Auto: A 30, Ausfahrt Rheine, dort Bahnhofstraße.

Was muss ich sehen?

1 **Falkenhof** in Rheine

2 **Wannenmacher Museum** in Emsdetten

3 **Max-Clemens-Kanal** in Clemenshafen

Wo tank' ich auf?

Bockholter Emsfähre
Zur Bockholter Emsfähre 111, Rheine

Altes Gasthaus Engeln
Kirchstraße 27, Emsdetten

Landgasthaus Clemenshafen Fam. Ostermann
Emsdettener Str. 250, Neuenkirchen

Brauhaus Restaurant Rheine roter hirsch 4U
Marktplatz 10, Rheine

Kartentipp: **ADFC-Regionalkarte Münsterland,** 1:75.000

Scan den QR-Code & hol Dir Deine Tour!

Tour 6

TOURSTART

Sie starten am Bahnhof Rheine. Die Bahnsteige sind über Aufzüge zugänglich. An den Bahnsteigen gibt es eine Infostele mit Rufverbindung.

*Sie radeln vom Bahnhof zum **Knotenpunkt** 21 im Zentrum von Rheine.*

Die Geschichte der Stadt geht auf die Sachsenkriege Karls des Großen zurück. Damals wurde ein befestigtes Königsgut links der Ems errichtet, die **Villa Reni**, die in einer Schenkungsurkunde Kaiser Ludwig des Frommen von 838 erwähnt wird. Später wurde die Villa nach der Pächterfamilie von Falke als 1 **Falkenhof** bezeichnet. Die heutige barocke Dreiflügelanlage mit der Freitreppe und dem markanten Taubenbrunnen wurde im Wesentlichen Mitte des 18. Jahrhunderts errichtet. Das Torhaus und die Gewölbehalle des Mittelbaus stammen noch aus dem 16. Jahrhundert.

Heute ist im **Falkenhof** das Stadtmuseum untergebracht. Gezeigt werden unter anderem Funde aus der Vor- und Frühgeschichte sowie Rüstungen und Waffen aus der Zeit des Dreißigjährigen Krieges. Ein Grafikkabinett umfasst unter anderem Arbeiten von Albrecht Dürer, Francisco de Goya, Pablo Picasso und Max Liebermann.

Die älteste Kirche der Stadt, **St. Dionysius**, entstand zeitgleich mit der Villa Reni. Das heutige Gotteshaus, eine spätgotische Hallenkirche, wurde zwischen 1400 bis 1520 errichtet.

*Nach rechts entlang der Ems gelangen Sie zum **Knotenpunkt** 23, überqueren den Fluss und lenken über die **Knotenpunkte** 24 und 29 durch das Naturschutzgebiet Emsaue zum **Knotenpunkt** 68 und vor dem Fluss nach links weiter zur 65.*

Die **Emsaue** ist die wichtigste Naturschutzachse im Münsterland. Auwaldreste, Weidengebüsche, feuchtes und mageres Grünland sowie Altarme und Flutmulden charakterisieren die Vielfalt dieses Gebietes. Auwaldreste sind Lebensraum für Pirol und Nachti-

gall, in Altarmen, Flutmulden und Senken finden Arten wie Kammmolch, Schwanenblume und Seerose einen Lebensraum. Rohrweihen nutzen Schilfröhrichte als Brutplatz. In Hochstaudenfluren wachsen typische Stromtalpflanzen wie Langblättriger Ehrenpreis und Gelbe Wiesenraute. Das Grünland in der Emsaue wird teilweise extensiv bewirtschaftet. Je nach Relief entwickeln sich Feuchtwiesen mit Kuckucks-Lichtnelke und Breitblättrigem Knabenkraut oder magere Glatthaferwiesen mit Margerite, Acker-Witwenblume und Echtem Labkraut. Auf trockenen Rainen und Böschungen wächst kleinflächig der Heidenelken-Rasen.

Zum **Knotenpunkt** 65 streifen Sie das Dünengebiet **„Elter Sand"**, das ebenfalls zum Naturschutzgebiet Emsaue gehört. Hier haben Sandlaufkäfer, Zauneidechse und eine den Dünen angepasste Flora ein Zuhause.

*Unsere Tour führt weiter über die **Knotenpunkte** 86, 87 und 98 nach Emsdetten. Dort gelangen Sie über den **Knotenpunkt** 99 zum **Knotenpunkt** 97 im Zentrum.*

Rheine, in der Altstadt

Bild oben:
Hof Deitmar in Emsdetten

Bild unten:
Wannenmachermuseum

Dort entdecken Sie den **Hof Deitmar** und die ihn umgebende Museumsinsel. Der Hof Deitmar ist als einziger von vier „Urhöfen" des ursprünglichen Dorfes Emsdetten erhalten. Der Hof wurde 1912 zu seiner heutigen Form umgebaut und 1956 von der Stadt Emsdetten erworben.

Neben dem Hauptgebäude stehen der alte Hofspeicher, das heutige Speichermuseum, das August-Holländer-Museum, das 2 **Wannenmacher-Museum** sowie ein Backhaus.

Das **August-Holländer-Museum** zeigt die Entwicklung Emsdettens von einem agrarisch-handwerklich geprägten Dorf zu einer Industriestadt des Textilgewerbes ab Mitte des 19. Jahrhunderts. Die Stadtentwicklung sowie die Arbeits- und Lebensverhältnisse der Bevölkerung werden anhand von zeitgenössischen Maschinen und Dokumenten dargestellt.

Besonders sehenswert ist das **Wannenmacher-Museum**. In Emsdetten prägte über Jahrhunderte das Wannenmacherhandwerk den Ort. Die aus Weiden geflochtenen flachen Wannen wurden bis in die 1960er Jahre in der Landwirtschaft zur Getreidereinigung verwendet. Es war die Armut, bedingt durch den mageren Sandboden, die die Einwohner der „Streusandbüchse des Fürstbischofs" zwang, diesem Hausgewerbe nachzugehen. Emsdettener Wannen wurden in ganz Nordwestdeutschland, in die Niederlande und darüber hinaus in die niederländischen Kolonialgebiete nach Übersee geliefert. In der Blütezeit, dem 17. und 18. Jahrhundert, wurden in dem kleinen Ort jährlich bis zu 30.000 Stück hergestellt.

Das Museum in der letzten **Wannenmacherwerkstatt** zeigt nicht nur anschaulich die unterschiedlichen Arbeitsgänge zur Herstellung einer Wanne, sondern auch ihre Geschichte, ihre Bedeutung für den kleinen Ort sowie die Lebensbedingungen der Emsdettener Wannenmacher.

Durch die Mechanisierung der Textilproduktion – die Verarbeitung von Baumwolle ab 1830 und die von Jute nach 1880 – entwickelte sich Emsdetten vom Wannenmacherdorf zur **Textilstadt** und zum **westfälischen Jute-Zentrum**. Mit dem Bau einer Flachsmaschinenspinnerei 1856 entstand der erste Fabrikbau; im Jahr 1861 wurden die ersten mechanischen Webstühle aufgestellt. 1880 hatte Emsdetten 1.767 Einwohner. Bereits Mitte des 20. Jahrhunderts begann der Strukturwandel in der Stadt, von der krisengefährdeten Textilindustrie weg hin zu innovativen neuen Industriezweigen.

*Sie kehren anschließend zum **Knotenpunkt** 99 nahe dem Bahnhof zurück und radeln zum **Knotenpunkt** 95 am Emsdettener Venn.*

Dieses klassische **Hochmoor** umfasst einen Kernbereich von etwa 100 ha. Dieser wird umgeben von Bruchwald und Feuchtwiesen in einer Größe von 340 ha. Das Alter des Moores wird auf ca. 5000 Jahre datiert. Die Torfstärke beträgt im Kerngebiet circa zwei Meter. Ab dem späten 19. Jahrhundert wurde versucht, das Moor zu entwässern und systematisch Torf zu stechen. Im Ersten Weltkrieg wurden im Venn von Kriegsgefangenen und später von Erwerbslosen ein engmaschiges Wegenetz sowie tiefe Entwässerungsgräben angelegt. Mittlerweile wird daran gearbeitet, das Moor zu renaturieren. Dazu wird das Gelände von Birken gesäubert, Entwässerungsgräben und Torfstiche abgebunden sowie Dämme errichtet, damit das Regenwasser im Moor verbleibt.

*Am **Punkt** 66 biegen Sie links ab und radeln weiter zum **Knotenpunkt** 40.*

Dabei passieren Sie in Clemenshafen erneut den ehemaligen 3 **Max-Clemens-Kanal**. Clemens August I. von Bayern, Fürstbischof von Münster, gab 1724 das erste Teilstück des Kanals in Auftrag, der ursprünglich Münster an das Wasserstraßennetz der Niederlande

Naturschutzgebiet am Max-Clemens-Kanal

anbinden sollte. Bis 1730 wurde ein erstes Teilstück bis Clemenshafen fertiggestellt und im nächsten Jahr in Betrieb genommen. Unter dem nachfolgenden Fürstbischof Maximilian Friedrich von Königsegg-Rothenfels wurde zwischen 1766 und 1771 ein weiteres sechs Kilometer langes Teilstück bis Maxhafen gebaut.

In besten Zeiten verkehrte hier als Standardschiff ein hölzerner Frachtkahn von drei Meter Breite und 16,5 Meter Länge mit einer Tragkraft von etwa 10 Tonnen. Außerdem beförderte ein Postschiff zweimal wöchentlich auch Personen auf dem Kanal.

Der Weiterbau gestaltete sich jedoch schwierig, da der Kanal wegen mangelnder Wasserzufuhr im Sand versickerte. Obendrein verlor der Kanal nach dem Wiener Kongress 1814 seine handelsstrategische Bedeutung, weil Preußen auf den Rhein als Wasserstraße setzte und der Kanal gegen die zunehmend besser ausgebauten Chausseen konkurrieren musste. Trotz des Engagements der münsterschen Kaufmannschaft für den Erhalt des Kanals wurde der Schiffsbetrieb am 10. Februar 1840 offiziell eingestellt.

Heute ist der Kanal oft nur noch als Mulde erkennbar und als „Technisches Bodendenkmal" unter Schutz gestellt. In Münster schüttete man den Kanal bereits Ende des 19. Jahrhunderts zu. Hier erinnert nur noch Name „Kanalstraße" an ihn.

Reisemobilstellplätze an oder nahe der Route

Wohnmobilstellplatz TaT Themenpark in Rheine
Hovesaatstraße 6, Rheine

Wohnmobilstellplatz Reisemobile Brüggemann
Mesumer Straße 200, Rheine

Wohnmobilstellplatz Emsdetten
Friedrichstraße 4a, Emsdetten

Tour 6

*Vom **Knotenpunkt** 40 geht es rechts auf der „RadBahn Münsterland" zum **Knotenpunkt** 39 in St. Arnold.*

Dieser Ortsteil von Neuenkirchen ist nach dem 1928/1929 errichteten **Missionshaus St. Arnold** benannt. Der 2003 heilig gesprochene Arnold Janssen war der Gründer der Steyler Missionare im niederländischen Steyl. Dieser Orden richtete hier nahe der Bahnstation Neuenkirchen-Land und dem so genannten „Repressalien-Lager" für französische und russische Kriegsgefangene im Ersten Weltkrieg eine Niederlassung mit einer Internatsschule zur Ausbildung von neuen Missionaren ein. Nach dem Zweiten Weltkrieg siedelten sich in St. Arnold Flüchtlinge und Vertriebene aus den ehemaligen Ostgebieten an.

Das heutige **Arnold-Janssen-Gymnasium** des Bistums Münster gehört mit mehr als 1000 Schülerinnen und Schülern zu den größten Schulen im Münsterland. Nachdem 2008 die letzten Missionare St. Arnold verlassen hatten, wurde 2016 das Missionshaus mit der Kirche abgebrochen, um einem Erweiterungsbau des Gymnasiums Platz zu machen.

*Beim **Knoten** 39 links ab und weiter zum **Knotenpunkt** 37 in Neuenkirchen.*

Wahrzeichen der Gemeinde ist die **neoromanische St. Anna-Kirche**, die von 1896 bis 1899 nach Plänen des Architekten Wilhelm Rincklake aus Münster errichtet wurde.

*Sie radeln anschließend rechts in Richtung **Knotenpunkt** 21 nach Rheine und folgen in der Stadt der Beschilderung zum Bahnhof, Ihrem Ausgangspunkt.*

E-Bike Ladestationen an oder nahe der Route

Radstation Rheine
Am Hauptbahnhof 6, Rheine

Zweirad Schröder
Staelskottenweg 75-77, Rheine

Gasthof Oliver Heuwes
Elter Str. 355, Rheine (Gellendorf)

Zum Splenterkotten
Ludgerusring 44, Rheine (Elte)

Landgasthaus Eggert
Schwanenburg 7, Rheine (Elte)

Waldhotel-Schipp-Hummert
Veltrup 17, Emsdetten-Veltrup

Westers Scheunencafé
Westumer Landstr. 25, Emsdetten

Landgasthaus Clemenshafen
Emsdettener Straße 250, Neuenkirchen

Ladestation am Rathaus
Hauptstraße 16, Neuenkirchen

In „Loismanns Garten"

Tour 7 Länge 43 km

ZU WANNEN-MACHERN

Eine Rundtour von Emsdetten über Riesenbeck und Saerbeck zurück nach Emsdetten

Die landschaftlich abwechslungsreiche Tour bietet einen reizvollen Einblick in das wenig bekannte historische Handwerk der Wannenmacherei, deren Produkte einst in alle Welt exportiert wurden.

Was erwartet mich?

43,1 km, eine Tour auf überwiegend naturbelassenen und asphaltierten Wirtschaftswegen durch die wellige Parklandschaft zwischen Ems und Teutoburger Wald.

Wie komm' ich hin?

ÖPNV: Bahnhof Emsdetten

Mit dem Auto: A 1, Ausfahrt Greven, B 481 nach Emsdetten, dort Hengeloplatz

Was muss ich sehen?

1 **„Lolsmanns Garten"** in Ibbenbüren-Dörenthe

2 **Wannenmachermuseum** in Emsdetten

Wo tank' ich auf?

Donna Elisa
Heinrich-Niemeyer-Straße 38, Hörstel-Riesenbeck

Zum goldenen Anker
Münsterstraße 652, Ibbenbüren-Dörenthe

Markt 23 Restaurant & Bierbar
Marktstraße 23, Saerbeck

Altes Gasthaus Engeln
Kirchstraße 27, Emsdetten

Kartentipp: **Radwanderkarte Kreis Steinfurt,** 1:50.000

Scan den QR-Code & hol Dir Deine Tour!

Tour 7

TOURSTART

Sie starten am Bahnhof in Emsdetten. Der Bahnhof hat zwei Bahnsteige mit jeweils einem Gleis. Beide sind stufenlos erreichbar.

*Sie radeln vom Bahnhof zum **Knotenpunkt** 87 und überqueren die Ems zum **Knotenpunkt** 86.*

Dabei durchqueren Sie die **Emsaue**, die wichtigste Naturschutzachse im Münsterland. Auwaldreste, Weidengebüsche, feuchtes und mageres Grünland sowie Altarme und Flutmulden charakterisieren die Vielfalt dieses Gebietes. Auwaldreste sind Lebensraum für Pirol und Nachtigall, in Altarmen, Flutmulden und Senken finden Arten wie Kammmolch, Schwanenblume und Seerose einen Lebensraum. Rohrweihen nutzen Schilfröhrichte als Brutplatz.

In Hochstaudenfluren wachsen typische Stromtalpflanzen wie Langblättriger Ehrenpreis und Gelbe Wiesenraute. Das Grünland in der Emsaue wird teilweise extensiv bewirtschaftet. Je nach Relief entwickeln sich Feuchtwiesen mit Kuckucks-Lichtnelke und Breitblättrigem Knabenkraut oder magere Glatthaferwiesen mit Margerite, Acker-Witwenblume und Echtem Labkraut. Auf trockenen Rainen und Böschungen wächst kleinflächig der Heidenelken-Rasen.

*Sie radeln weiter auf dem Veltruper Damm zum **Knotenpunkt** 41. Links und rechts stehen eine Vielzahl von Windrädern zur umweltfreundlichen Energieerzeugung. Von dort geht es weiter zum **Knotenpunkt** 43.*

Hier bietet sich gegebenenfalls ein kleiner Abstecher zum **Wasserschloss Surenburg** am **Knotenpunkt** 42 an. Das Wasserschloss wurde 1786 erstmals urkundlich erwähnt. 1786 kaufte sie der niederländische Landadlige Carl Heinrich Heereman von Zuydtwyck. Seine Nachkommen bewohnen das Schloss bis heute. Ein prominenter Bewohner war Constantin Freiherr Heereman von Zuydtwyck, von 1969 bis 1997 Präsident des Deutschen Bauernverbandes und von 1983 bis 1990 CDU-Bundestagsabgeordneter.

Die Schlossanlage erstreckt sich über zwei Inseln. Das heutige Erscheinungsbild mit einem Staffelgiebel im Stil der Renaissance ist durch Umbauarbeiten zwischen 1868 und 1881 geprägt.

Weiter auf der Route sehen Sie in Riesenbeck den Südhang der westlichen Ausläufer des Teutoburger

Schloss Surenburg

Waldes vor sich. Das Ortszentrum prägt die **St.-Kalixtus-Kirche** mit ihrem romanischen Turm aus dem 12. Jahrhundert. Im Innern ist die Reinhildis-Grabplatte aus dem frühen Mittelalter sehenswert.

Sie überqueren den Dortmund-Ems-Kanal, lenken am anderen Ufer nach rechts und radeln weiter entlang des Kanals Richtung ***Knotenpunkt*** *14. Unsere Tour führt am Botanischen Garten weiter geradeaus auf der Dortmund-Ems-Kanal-Route. Hinter Dörenthe führen uns die Schilder wieder auf die andere Seite des Kanals und durch das Naturschutzgebiet „Am Janhaarspool" zum* ***Knotenpunkt*** *81.*

Der **Dortmund-Ems-Kanal** verläuft zwischen dem Dortmunder Stadthafen und Papenburg/Ems und wurde 1899 als erster der großen Binnenschifffahrtskanäle eröffnet.

In „Loismanns Garten"

Bei Dörenthe, einem Ortsteil von Ibbenbüren streifen Sie am Kanal den 1 **„Loismanns Garten"**, einen 1,5 Hektar großen privaten botanischen Garten mit rund 300 heimischen und exotischen Bäumen, Sträuchern und Blumen, darunter ein 30 Meter hoher amerikanischer Mammutbaum und zwei 40 Meter hohe Riesentannen. Die Geschichte des Gartens begann mit dem Kanalbau. Die ausgehobene Erde wurde auf dem Land von Bernhard Loismann zu einer Halde aufgeschüttet. 1898 pflanzte er hier die ersten Obstbäume und später weitere Gehölze. Noch heute wird der Garten von den Nachkommen Loismanns gepflegt.

*Am **Knotenpunkt** 81 verlassen Sie den Kanal und radeln über den **Knotenpunkt** 83 zum **Knotenpunkt** 85 in Saerbeck.*

Die Route führt durch das Naturschutzgebiet „**Feuchtgebiet Saerbeck**", ein ehemaliges Heidegebiet mit Feucht- und Trockenheide, das seltenen, zum Teil gefährdeten Wat- und Wiesenvögeln, Amphibien und Wirbellosen Lebensraum bietet.

Seit 2009 ist Saerbeck Klimakommune NRW. Das Dorf teilt den mit 3,3 Millionen Euro dotierten Preis mit der Stadt Bocholt. Die Gemeinde hat sich das Ziel gesetzt, bis 2030 mehr Energie aus regenerativen Quellen zu gewinnen als sie an Energie verbraucht.

Die **Pfarrkirche St. Georg** wurde 1896–1898 anstelle einer älteren Vorgängerkirche errichtet und 1917 ausgemalt. Diese Wandmalereien wurden in den 1960er Jahren übertüncht und in den 1980er Jahren bei Renovierungsarbeiten wieder entdeckt. Sie gelten als eindrucksvolle Beispiele für neugotische Malerei. Sehenswert sind im Innern ein Taufstein aus dem 13. Jahrhundert, eine spätgotische Madonna, eine baro-

Reisemobilstellplätze an oder nahe der Route

Wohnmobilstellplatz Emsdetten
Friedrichstraße 4a, Emsdetten

Wohnmobilstellplatz am Dortmund-Ems-Kanal
Postdamm/Lazarusbrücke 89, Hörstel

Wohnmobilstellplatz am Kanalbogen
Ostwinkel 36, Hörstel

Wohnmobilstellplatz am Aasee-Wellenbad
An der Umfluth 99, Ibbenbüren

Wohnmobilstellplatz am Rathaus Saerbeck
Ferrières-Straße 5, Saerbeck

cke Pieta aus dem 18. Jahrhundert sowie neugotische Farbverglasungen.

In der Grevener Straße 8 befindet sich in einem denkmalgeschützten Gebäude das **Kornbrennerei-Museum**. Die landwirtschaftliche Kornbrennerei Dalmöller-Niehaus wurde im Jahr 1812 gegründet und bis 1976 als „Nebengewerbe" eines bäuerlichen Familienbetriebes geführt. Geöffnet hat das Museum allerdings nur Sonntags von 10.30 bis 12.30 Uhr.

*Hinter Saerbeck überqueren Sie die Ems und folgen den Schildern zum **Knotenpunkt** 89.*

Zwischen Saerbeck und Hembergen wurde eine **frühere Emsbegradigung** rückgängig gemacht und der Fluss kann wieder statt in einem engen Kanal in seinem alten Bett fließen.

*Am **Punkt** 89 geht es rechts weiter zu den **Knotenpunkten** 88, 9, links 91 und rechts zum **Knotenpunkt** 97 in Emsdetten.*

Dort passieren Sie den **Hof Deitmar** und die ihn umgebende Museumsinsel. Der Hof Deitmar ist als einziger von vier „Urhöfen" des ursprünglichen Dorfes Emsdetten erhalten. Der Hof wurde 1912 zu seiner heutigen Form umgebaut und 1956 von der Stadt Emsdetten erworben.

Besonders sehenswert ist das 2 **Wannenmacher-Museum**. In Emsdetten prägte über Jahrhunderte das Wannenmacherhandwerk den Ort. Die aus Weiden geflochtenen flachen Wannen wurden bis in die 1960er Jahre in der Landwirtschaft zur Getreidereinigung verwendet. Emsdettener Wannen wurden in ganz Nordwestdeutschland, in die Niederlande und darüber hinaus in die niederländischen Kolonialgebiete nach Übersee geliefert. In der Blütezeit, dem 17. und 18. Jahrhundert, wurden in dem kleinen Ort jährlich bis zu 30.000 Stück hergestellt.

*In Richtung auf den **Knotenpunkt** 99 erreichen Sie den Bahnhof Emsdetten, Ihren Ausgangspunkt.*

E-Bike Ladestationen an oder nahe der Route

Ladestation Innenstadt
Am Brink, Emsdetten

Waldhotel-Schipp-Hummert
Veltrup 17,
Emsdetten-Veltrup

Parkhotel Surenburg
Surenburg 13,
Hörstel-Riesenbeck

Rathaus Riesenbeck
Kalixtusstr. 6,
Hörstel-Riesenbeck

Tour 8 Länge 53 km

In der Altstadt von Tecklenburg

AM TEUTOBURGER WALD

Eine Rundtour von Ibbenbüren-Laggenbeck über Mettingen, Ibbenbüren und Tecklenburg zurück nach Ibbenbüren-Laggenbeck

Die Tour mit einer deutlichen Steigungsstrecke führt durch die reizvolle Landschaft nördlich des Teutoburger Waldes zwischen Ibbenbüren, Mettingen und Tecklenburg zu Zeugnissen der Industrie- und Wirtschaftsgeschichte zwischen Steinkohleförderung und Textilproduktion.

Was erwartet mich?

53,2 km, eine landschaftlich reizvolle Tour auf überwiegend naturbelassenen und asphaltierten Wirtschaftswegen. Es gibt im Bereich des Teutoburger Waldes drei deutliche Steigungsstrecken, die stärkste vor Tecklenburg.

Wie komm' ich hin?

ÖPNV: Bahnhof Ibbenbüren-Laggenbeck

Mit dem Auto: A 1, Ausfahrt Ibbenbüren-Lengerich, weiter in Richtung Ibbenbüren, später Laggenbeck. Im Ort: „An der Bahn".

Was muss ich sehen?

1 **Tüöttenmuseum** in Mettingen

2 **Freizeitpark** Ibbenbüren mit Sommerrodelbahn

3 **Altstadt** Tecklenburg

Wo tank' ich auf?

Hotel-Restaurant Haus Keller
Carl-Keller-Straße 2, Ibbenbüren-Laggenbeck

Alte Post
Kolpingstraße 2, Mettingen

Schwäbischer Gasthof Dörenther Klippen
Münsterstraße 419, Ibbenbüren

Historische Gaststätte Franz
Dorfstraße 22, Tecklenburg-Brochterbeck

Gräfin AnnA Tecklenburg
Schloßstraße 1, Tecklenburg

Kartentipp: **ADFC-Regionalkarte Osnabrücker Land/ Oldenburger Münsterland,** 1:75.000

Scan den QR-Code & hol Dir Deine Tour!

Tour 8

TOURSTART

Sie starten am Bahnhof Ibbenbüren-Laggenbeck. Dieser Bahnhof verfügt über zwei Bahnsteige mit jeweils einem Gleis. Beide Bahnsteige sind stufenlos erreichbar. Der Bahnhof Ibbenbüren ist im Unterschied zum Bahnhof Ibbenbüren-Laggenbeck für E-Bikes nicht geeignet.

*Sie radeln vom Bahnhof Ibbenbüren-Laggenbeck (**Knotenpunkt** 2) über die **Punkte** 12 und 83 zum **Knotenpunkt** 80 in Mettingen.*

Im Innenhof des ehemaligen Hotels Telsemeyer und heutigen Rathauses ist seit 1962 das 1 **„Tüöttenmuseum"** eingerichtet. Es besteht aus drei Fachwerkhäusern, in denen eine umfangreiche Sammlung von Möbeln, Gebrauchsgegenständen und Zeugnissen alten Brauchtums zu sehen ist. Vor dem Haus Telsemeyer steht eine bronzene Figurengruppe mit Bergmann, Tüötte und Bäuerin mit Kind.

In Mettingen als „Tüötten", andernorts meist als „Tödden", wurden saisonal wandernde Kaufleute und Hausierer vor allem aus dem nördlichen Tecklenburger Land – speziell den Gemeinden Mettingen, Hopsten, Recke, Ibbenbüren – bezeichnet, die vor allem das in häuslichen Betrieben während des Winters hergestellte Leinen im Sommer auf ihren Wanderungen verkauften. Die Tödden zogen bis Nordholland, nach England und entlang der Ostsee bis nach Riga in Lettland.

Aus einer Mettinger Töddenfamilie stammen die Textilunternehmer Clemens und August Brenninkmeyer, die im 19. Jahrhundert die **Textilkaufhauskette C&A** gründeten. Auch andere namhafte Textilkaufhäuser wie Hettlage, Boecker oder Peek & Cloppenburg gehen auf die Nachfahren von Tödden zurück.

Unweit des Tüöttenmuseums ist im Gebäude des Schultenhofs ein **Schulmuseum** eingerichtet. Es erinnert an die „Zwergschulen", meist ein- oder zweiklassige Dorfschulen, die Mitte der 1960er Jahre geschlossen wurden. Solche gab es auch in den Mettinger Bauerschaften. Das Museum zeigt alte Schulutensilien vom Fleißkärtchen bis zur Schwammdose, Schülerhefte und

Tüöttenmuseum in Mettingen

Schulbücher von 1850 bis 1980 sowie Schulwandbilder verschiedener Unterrichtsfächer.

Ebenfalls im Schultenhof gibt es im kleinen **Postmuseum** Briefmarken und Exponate aus der regionalen und überregionalen Postgeschichte sowie eine Vielzahl von Telefonen zu sehen.

Weiter führt unsere Tour über die ***Knotenpunkte*** *78, 74, 76 10 und 7 zur 6 im Zentrum von Ibbenbüren*

Die Stadt blickt auf eine lange Bergbautradition zurück. Bereits im 17. Jahrhundert wurde hier Eisenerz abgebaut und später Steinkohle. Das **Bergwerk Ibbenbüren** gehörte zu den zwei letzten Steinkohlezechen in Deutschland. Am 17. August 2018 wurde hier die letzte Schicht gefahren. Ibbenbüren hatte zeitweilig die mit 1545 Metern europaweit tiefste Steinkohlezeche und förderte mit Anthrazit eine Kohleart, die zu den hochwertigsten Kohlesorten zählt. Ein Großteil der geförderten Steinkohle wurde direkt neben der Zeche im Steinkohlekraftwerk verfeuert.

Reisemobilstellplätze an oder nahe der Route

Wohnmobilstellplatz am Aasee-Wellenbad
An der Umfluth 99,
Ibbenbüren

Wohnmobilstellplatz am Gasthof Dickenberg
Rheiner Straße 324,
Ibbenbüren

Wohnmobilstellplatz am Hallenbad
Bahnhofstraße 18,
Mettingen

Wohnmobilstellplatz am Bismarckturm
Am Weingarten 43,
Tecklenburg

*Vom Zentrum Ibbenbüren folgen Sie den Schildern über den **Knotenpunkt** 5 zur 14.*

Sie durchqueren auf dieser Etappe die Ausläufer des Teutoburger Waldes, wobei die Steigungsstrecke hier noch moderat ist.

Dabei passieren Sie den 2 **Freizeitpark** mit der **Sommerrodelbahn**. 1926 kam ein Ibbenbürener Bergmann auf die Idee, Rodelfahrten ganz ohne Schnee zu ermöglichen. Bis heute rodeln hier vor allem Kinder auf Holzschlitten eine hundert Meter lange Bergstrecke hinab. Mittlerweile ist rund um die Sommerrodelbahn ein ganzer Freizeitpark mit Märchenwald und einer „fünfminütigen Weltreise" entstanden. Auf der gegenüberliegenden südlichen Hangseite befindet sich eine bizarre Felsformation, die **Dörenther Klippen**. Zu ihnen gehört auch das „Hockende Weib". Dabei handelt es sich um einen Felsen, der einer hockenden Frau ähnelt. Um diesen Felsen rankt sich eine Legende, wonach eine Frau, die ihre Kinder vor einer außergewöhnlich schnell und hoch steigenden Flut retten wollte, diese auf ihre

Schultern gehoben und sicher über die Wassermassen gehalten habe, wobei sie selbst im Wasser „hockte".

*Sie radeln weiter am Südhang des Gebirges über den **Knotenpunkt** 15 zum **Punkt** 35 in Brochterbeck.*

Bis 1968 gab es hier noch einen Personenzugverkehr auf dem 1901 eröffneten Streckenabschnitt Lengerich-Ibbenbüren der Teutoburger Wald-Eisenbahn (TWE). Danach gab es bis 2010 noch touristische Dampflok-Sonderfahrten des „Teuto-Express".

*Von Brochterbeck fahren Sie über die **Knotenpunkte** 34, 22 und 23 zur 36 in Tecklenburg. Die Landstraße, auf der Sie radeln, weist in langgezogenen Serpentinen über gut anderthalb Kilometer Steigungen von über 6 Prozent auf!*

Wenn es schwierig wird und Sie schnaufen, trösten Sie sich: Im 18. Jahrhundert wagten es im Winter nicht einmal die Postkutschen, die auf der Höhe des Teutoburger Waldes gelegene Stadt anzufahren.

Der schweißtreibende Aufstieg wird belohnt mit einem der schönsten Städtebilder des Münsterlandes. Die [3] **Stadtanlage Tecklenburgs** mit historischem Straßengrundriss, reizvollen Fachwerkhäusern und Honoratiorenhäusern aus dem 16. und 17. Jahrhundert wird überragt von der Burg- und Schlossruine der Grafen von Tecklenburg aus dem 16. Jahrhundert.

Am Südhang des Burgberges wurde übrigens schon zu Zeiten der Grafen von Tecklenburg Wein angebaut. Im Jahr 1987 wurden am alten **Weinberg** wieder Rebstöcke gepflanzt. Der erste Wein wurde 1989 gekeltert. Der Weinanbau wird fortgesetzt.

*Sie radeln weiter hangabwärts und durch die Felderlandschaft über die **Knotenpunkte** 37, 38 und 1 zum **Punkt** 2 am Bahnhof Ibbenbüren-Laggenbeck, Ihrem Ausgangspunkt.*

Bild links:
Tecklenburg

E-Bike Ladestationen an oder nahe der Route

Ladestation, Markt
Mettingen

Fahrradstation Mettinger Schultenhof
Burgstraße 9, Mettingen

Ladestation Rathaus Ibbenbüren
Alte Münsterstraße, Ibbenbüren

Ringhotel Teutoburger Wald
Im Bocketal 2, Tecklenburg-Brochterbeck

Ladestation am Marktplatz
Markt 7, Tecklenburg

In der Emsaue

Tour 9 Länge 41 km

AN DER EMS

Eine Rundtour von Emsdetten über Greven und Nordwalde zurück nach Emsdetten

Die landschaftlich interessante Tour führt durch die Emsaue, die wichtigste Naturschutzachse im Münsterland.

Was erwartet mich?

41,4 km, eine Tour auf überwiegend naturbelassenen und asphaltierten Wirtschaftswegen durch die wellige Parklandschaft links und rechts der Ems.

Wie komm' ich hin?

ÖPNV: Bahnhof Emsdetten

Mit dem Auto: A 1, Ausfahrt Greven, B 481 nach Emsdetten, dort Hongeloplatz

Was muss ich sehen?

1 **Wannenmachermuseum** in Emsdetten

2 **Emsaue** zwischen Emsdetten und Greven

3 **Sachsenhof** in Greven

Wo tank' ich auf?

Altes Gasthaus Lanvers
Dorfstraße 11, Emsdetten-Hembergen

Zum Goldenen Stern
Martinistraße 2, Greven

Markt 23 Restaurant & Bierbar
Marktstraße 23, Saerbeck

Altes Gasthaus Engeln
Kirchstraße 27, 1 Emsdetten

Kartentipp: **ADFC-Regionalkarte Münsterland,** 1:75.000

Scan den QR-Code & hol Dir Deine Tour!

Tour 9

TOURSTART

Sie starten am Bahnhof in Emsdetten. Dieser Bahnhof hat zwei Bahnsteige mit jeweils einem Gleis. Beide sind stufenlos erreichbar.

Sie radeln vom Bahnhof zum ***Knotenpunkt 97****.*

Dort passieren Sie den **Hof Deitmar** und die ihn umgebende Museumsinsel. Der Hof Deitmar ist als einziger von vier „Urhöfen" des ursprünglichen Dorfes Emsdetten erhalten. Der Hof wurde 1912 zu seiner heutigen Form umgebaut und 1956 von der Stadt Emsdetten erworben.

Neben dem Hauptgebäude stehen der alte Hofspeicher, das heutige **Speichermuseum**, das **August-Holländer-Museum**, das **Wannenmachermuseum** sowie ein **Backhaus**.

Das **August-Holländer-Museum** zeigt die Entwicklung Emsdettens von einem agrarisch-handwerklich geprägten Dorf zu einer Industriestadt des Textilgewerbes ab Mitte des 19. Jahrhunderts. Die Stadtentwicklung sowie die Arbeits- und Lebensverhältnisse der Bevölkerung werden anhand von zeitgenössischen Maschinen und Dokumenten dargestellt.

Besonders sehenswert ist das 1 **Wannenmacher-Museum**. In Emsdetten prägte über Jahrhunderte das Wannenmacherhandwerk den Ort. Die aus Weiden geflochtenen flachen Wannen wurden bis in die 1960er Jahre in der Landwirtschaft zur Getreidereinigung verwendet. Es war die Armut, bedingt durch den mageren Sandboden, die die Einwohner der „Streusandbüchse des Fürstbischofs" zwang, diesem Hausgewerbe nachzugehen. Emsdettener Wannen wurden in ganz Nordwestdeutschland, in die Niederlande und darüber hinaus in die niederländischen Kolonialgebiete nach Übersee geliefert. In der Blütezeit, dem 17. und 18. Jahrhundert, wurden in dem kleinen Ort jährlich bis zu 30.000 Stück hergestellt.

Das Museum in der letzten Wannenmacherwerkstatt zeigt nicht nur anschaulich die unterschiedlichen

In der Emsaue bei Greven

Arbeitsgänge zur Herstellung einer Wanne, sondern auch ihre Geschichte, ihre Bedeutung für den kleinen Ort sowie die Lebensbedingungen der Emsdettener Wannenmacher.

Durch die Mechanisierung der Textilproduktion – die Verarbeitung von Baumwolle ab 1830 und die von Jute nach 1880 – entwickelte sich Emsdetten vom Wannenmacherdorf zur **Textilstadt** und zum **westfälischen Jute-Zentrum**. Mit dem Bau einer Flachsmaschinenspinnerei 1856 entstand der erste Fabrikbau; im Jahr 1861 wurden die ersten mechanischen Webstühle aufgestellt. 1880 hatte Emsdetten 1.767 Einwohner. Bereits Mitte des 20. Jahrhunderts begann der Strukturwandel in der Stadt, von der krisengefährdeten Textilindustrie weg hin zu innovativen neuen Industriezweigen.

Der Sachsenhof in Greven

*Über den **Knotenpunkt** 9 und 88 gelangen Sie zur 89 in Hembergen. Dort überqueren Sie die Ems und radeln zum **Punkt** 76.*

Dabei durchqueren Sie die 2 **Emsaue**, die wichtigste Naturschutzachse im Münsterland. Auwaldreste, Weidengebüsche, feuchtes und mageres Grünland sowie Altarme und Flutmulden charakterisieren die Vielfalt dieses Gebietes. Auwaldreste sind Lebensraum für Pirol und Nachtigall, in Altarmen, Flutmulden und Senken finden Arten wie Kammmolch, Schwanenblume und Seerose einen Lebensraum. Rohrweihen nutzen Schilfröhrichte als Brutplatz. In Hochstaudenfluren wachsen typische Stromtalpflanzen wie Langblättriger Ehrenpreis und Gelbe Wiesenraute. Das Grünland in der Emsaue wird teilweise extensiv bewirtschaftet. Je nach Relief entwickeln sich Feuchtwiesen mit Kuckucks-Lichtnelke und Breitblättrigem Knabenkraut oder magere Glatthaferwiesen mit Margerite, Acker-Witwenblume und Echtem Labkraut. Auf trockenen Rainen und Böschungen wächst kleinflächig der Heidenelken-Rasen.

Zwischen Hembergen und Saerbeck wurde eine **frühere Emsbegradigung** rückgängig gemacht und der Fluss kann wieder in seinem alten Bett fließen.

Am **Knotenpunkt** 76 lädt der 3 **Sachsenhof** zur Besichtigung ein. Dabei handelt es sich um eine Rekonstruktion einer 1200 Jahre alten frühmittelalterlichen sächsischen Hofanlage mit Anbauversuchen von

Reisemobilstellplätze an oder nahe der Route

Wohnmobilstellplatz Emsdetten
Friedrichstraße 4a, Emsdetten

Wohnmobilstellplatz am Busbahnhof in Greven
Hinter der Lake, Greven

Wohnmobilstellplatz Camp Marina Alte Fahrt Fuestrup in Greven
Fuestruper Straße 37, Greven

Wohnmobilstellplatz am Rathaus Saerbeck
Ferrières-Straße 5, Saerbeck

Kulturpflanzen und Ackerwildkräutern aus jener Zeit. Die Rekonstruktion fußt auf Ausgrabungen des Westfälischen Museums für Archäologie Münster im nahen Sandabbaugebiet Münster-Gittrup. Dort fanden sich nicht nur Spuren frühmittelalterlichen, sondern auch älteren urgeschichtlichen Lebens, die von eiszeitlichen Neandertalern über den jungsteinzeitlichen Ackerbau bis zur vorrömischen Eisenzeit reichen. Im Mittelpunkt der Anlage steht ein 18 Meter langes **Haupthaus** als Wohn- und Stallhaus. Die aus Weiden geflochtenen Wände sind mit einem Lehmputz versehen. Ein Grubenhaus, eine Scheune und ein Heuberg ergänzen die Hofstelle.

*Unsere Tour führt weiter entlang der Ems und durch die Stadt Greven zum **Knotenpunkt** 72.*

Die **Kirche St. Martinus** geht auf eine Gründung des heiligen Liudger, des ersten Bischofs von Münster zurück. Eine erste Holzkirche wurde im 12. Jahrhundert durch ein romanisches Steinbauwerk ersetzt. Ihr Turm, der den Bürgern vor allem in den Wirren des Dreißigjährigen Krieges Schutz bot, besteht aus 2 Meter dicken Mauern und ist 68 Meter hoch. An den Turm schließt sich das spätgotische, dreischiffige Langhaus an. Einer neugotischen Erweiterung aus den Jahren 1890 bis 92 musste der Chor des Altbaues weichen. Der älteste erhaltene Teil der Kirche ist die Taufkapelle im romanischen Untergeschoss des Turmes.

Im Ort finden sich noch einige **Kötter- und Ackerbürgerhäuser** aus dem 17. Jahrhundert sowie Fabrikantenvillen aus dem 19. Jahrhundert.

*Beim unmittelbar folgenden **Knotenpunkt** 71 überqueren Sie die Ems und radeln über die **Knotenpunkte** 68, 5 und 14 nahe Nordwalde.*

In unmittelbarer Nähe steht das **Haus Althaus**, das früher mit einer doppelten Gräfte umgeben war. Innerhalb der Gräfte befand sich ein großes Steinhaus, das Mitte des 18. Jahrhunderts abgebrochen wurde, nachdem das heutige Herrenhaus fertiggestellt war.

*Über die **Knotenpunkte** 13, 92 und 91 gelangen Sie zum **Knotenpunkt** 97 in Emsdetten und weiter zum Bahnhof, Ihrem Ausgangspunkt.*

E-Bike Ladestationen an oder nahe der Route

Ladestation Innenstadt
Am Brink, Emsdetten
Restaurant Zurmühlen
Dettener Str. 9,
Emsdetten-Hembergen
Altes Gasthaus Lanvers
Dorfstr. 11,
Emsdetten-Hembergen
Lintels Kotten
Hollingen 18, Emsdetten
Restaurant „Zum Vosskotten"
Am Vosskotten 1, Greven

Schloss Steinfurt

AUF DEN SPUREN DER GRAFEN

Eine Rundtour von Burgsteinfurt über Borghorst, Nordwalde und Emsdetten zurück nach Burgsteinfurt.

Die Tour durch die Landschaft zwischen Steinfurt und der Ems führt zu historischen Gutshöfen, Zeugnissen alten Handwerks und frühem Kanalbau sowie für einige Kilometer durch ein ehemaliges Hochmoor.

Was erwartet mich?

Eine 53,6 Kilometer lange Tour überwiegend auf naturbelassenen oder asphaltierten Wirtschaftswegen durch die wellige Parklandschaft zwischen Steinfurt und Emsdetten.

Wie komm' ich hin?

ÖPNV: Bahnhof Burgsteinfurt

Mit dem Auto: A 1, Kreuz Münster-Nord, B 54 nach Steinfurt, dort Bahnhofstraße.

Was muss ich sehen?

1. **Schloss Steinfurt**
2. **Bispinghof** in Nordwalde
3. **Wannenmachermuseum** in Emsdetten

Wo tank' ich auf?

Restaurant „Brandenburger Tor Nordwalde"
Emsdettener Str. 16, Nordwalde

Altes Gasthaus Engeln
Kirchstraße 27, Emsdetten

Landgasthaus Clemenshafen
Emsdettener Str. 250, Neuenkirchen

Westfalenschänke
Markt 9, Steinfurt

Kartentipp: **ADFC-Regionalkarte Münsterland,** 1:75.000

Scan den QR-Code & hol Dir Deine Tour!

Tour 10

TOURSTART

Sie starten am Bahnhof Burgsteinfurt. Der Bahnhof hat zwei Bahnsteige mit jeweils einem Gleis. Beide Bahnsteige sind über eine Rampe zugänglich.

*Sie radeln vom Bahnhof (**Knotenpunkt** 54) über die **Punkte** 56 und 55 zum **Knotenpunkt** 52 in Steinfurt-Borghorst.*

Die Route führt unter anderem vorbei an [1] **Schloss Steinfurt** (siehe **Ortsporträt Steinfurt** auf den Seiten 50-55).

In Steinfurt-Borghorst zeigt das **Heinrich-Neuy-Bauhaus-Museum** Werke und Objekte des Bauhauskünstlers Heinrich Neuy, der von 1932 bis zu seinem Tod 2003 im Steinfurter Ortsteil Borghorst lebte und wirkte. Das Museum ist in einem ehemaligen Stiftskurienhaus des Damenstifts Borghorst (Kirchplatz 5) eingerichtet. Zu den Exponaten zählen Gemälde, Tischlerarbeiten, Sessel und Stühle sowie weitere bauhaustypische Objekte wie Lampen, Türklinken und Tapeten.

*Unsere Tour führt weiter über die **Knotenpunkte** 49, 19, 16 und 15 zum **Punkt** 14.*

In Nordwalde passieren Sie zuerst den **Pröbstinghof**, der erstmals 1265 urkundlich erwähnt, einst dem Dompropst zu Münster gehörte. Heute ist nur noch der mittelalterliche Spieker erhalten.

Am Ortsausgang geht es linker Hand zu dem von einer Gräfte umflossenen [2] **Bispinghof**. Von den mittelalterlichen Hofgebäuden ist auch hier nur der restaurierte Spieker im Originalzustand erhalten geblieben. Das über 300 Jahre alte „Kornhaus" wurde in den 1950er Jahren zur evangelischen Christuskirche umgebaut. Das Herrenhaus wurde erst im 19. Jahrhundert errichtet. Seit 2012 ist die Bürgerstiftung Bispinghof Nordwalde Eigentümerin und bemüht sich um die Instandsetzung des Geländes und die Renovierung der Gebäude. Verschiedene Künstler haben Ateliers im Herrenhaus angemietet.

Bispinghof in Nordwalde

Kurz vor dem **Knotenpunkt** 14 steht das **Haus Althaus**, das früher mit einer doppelten Gräfte umgeben war. Innerhalb der Gräfte befand sich ein großes Steinhaus, das Mitte des 18. Jahrhunderts abgebrochen wurde, nachdem das heutige Herrenhaus fertiggestellt war.

*Vom **Punkt** 14 fahren Sie über die **Knotenpunkte** 13, 92 und 91 zur 97 in Emsdetten.*

Dort passieren Sie den **Hof Deitmar** und die ihn umgebende Museumsinsel. Der Hof Deitmar ist als

Reisemobilstellplätze an oder nahe der Route

Wohnmobilstellplatz an der Polizeistation in Steinfurt
Liedekerker Straße 70, Steinfurt

Wohnmobilstellplatz Emsdetten
Friedrichstraße 4a, Emsdetten

E-Bike Ladestationen an oder nahe der Route

Cafe am Markt
Markt 11, Steinfurt

Café Schwan
Steinstraße 7, Steinfurt

Café-Restaurant Bagno
Hollich 156, Steinfurt

Su Nuraghe
Emsdettner Straße 27, Steinfurt-Borghorst

Kater Cafe im HeinrichNeuy-BauhausMuseum
Kirchplatz 5, Steinfurt-Borghorst

Café Mauritius
Marienplatz 2, Steinfurt-Borghorst

Parkhotel Nuyken
Bahnhofstraße 121, Nordwalde

Lintels Kotten
Hollingen 18, Emsdetten

Westers Scheunencafé
Westumer Landstr. 25, Emsdetten

Landgasthaus Clemenshafen
Emsdettener Str. 250, Neuenkirchen

einziger von vier „Urhöfen" des ursprünglichen Dorfes Emsdetten erhalten. Der Hof wurde 1912 zu seiner heutigen Form umgebaut und 1956 von der Stadt Emsdetten erworben.

Besonders sehenswert ist das 3 **Wannenmacher-Museum**. In Emsdetten prägte über Jahrhunderte das Wannenmacherhandwerk den Ort. Die aus Weiden geflochtenen flachen Wannen wurden bis in die 1960er Jahre in der Landwirtschaft zur Getreidereinigung verwendet. Emsdettener Wannen wurden in ganz Nordwestdeutschland, in die Niederlande und darüber hinaus in die niederländischen Kolonialgebiete nach Übersee geliefert. In der Blütezeit, dem 17. und 18. Jahrhundert, wurden in dem kleinen Ort jährlich bis zu 30.000 Stück hergestellt.

*Sie radeln weiter über den **Knotenpunkt** 99 zum **Knotenpunkt** 95 im Naturschutzgebiet Emsdettener Venn.*

Das klassische **Hochmoor** umfasst einen Kernbereich von etwa 100 ha. Dieser wird umgeben von Bruchwald und Feuchtwiesen in einer Größe von 340 ha. Das Alter des Moores wird auf ca. 5000 Jahre datiert. Die Torfstärke beträgt im Kerngebiet circa zwei Meter. Ab dem späten 19. Jahrhundert wurde versucht, das Moor zu entwässern und systematisch Torf zu stechen. Dazu wurden ein engmaschiges Wegenetz sowie tiefe Entwässerungsgräben angelegt. Mittlerweile wird daran gearbeitet, das Moor zu renaturieren.

*Vom Naturschutzgebiet geht es weiter über den **Knotenpunkt** 66 zum **Punkt** 40.*

In Clemenshafen passieren Sie den ehemaligen **Max-Clemens-Kanal**. Clemens August I. von Bayern, Fürstbischof von Münster, gab 1724 den Kanal in Auftrag, der Münster an das Wasserstraßennetz der Niederlande anbinden sollte. Bis 1730 wurde ein erstes Teilstück bis Clemenshafen fertiggestellt. Zwischen 1766 und 1771 wurde ein weiteres sechs Kilometer langes Teilstück bis Maxhafen gebaut. Der Weiterbau gestaltete sich jedoch schwierig, da der Kanal wegen mangelnder Wasserzufuhr im Sand versickerte. 1840 wurde der Schiffsbetrieb offiziell eingestellt. Heute ist der Kanal oft nur noch als Mulde erkennbar und als „Technisches Bodendenkmal" unter Schutz gestellt.

Schlossmühle in Burgsteinfurt

*Über die **Knotenpunkte** 58, 57 und 56 geht es rechts zum **Knotenpunkt** 54 am Bahnhof Burgsteinfurt, Ihrem Ausgangspunkt.*

Informationen über die Sehenswürdigkeiten in Steinfurt finden Sie im **Ortsporträt** (s. Seiten 50-55).

Historisches Rathaus in Laer

ZU BURGMANNSHÖFEN

Eine Rundtour von Burgsteinfurt über Borghorst, Laer und Horstmar zurück nach Steinfurt

Die landschaftlich reizvolle Tour führt zu historischen Sehenswürdigkeiten und vermittelt dabei Einblicke in die widersprüchliche Geschichte der Region in Mittelalter und früher Neuzeit.

Was erwartet mich?

43,1 km, eine Tour auf überwiegend naturbelassenen und asphaltierten Wirtschaftswegen durch die wellige Parklandschaft südöstlich von Steinfurt mit einer Steigungsstrecke am Schöppinger Berg nördlich von Horstmar.

Wie komm' ich hin?

ÖPNV: Bahnhof Steinfurt
Mit dem Auto: A 1, Kreuz Münster-Nord, B 54 nach Steinfurt, dort Bahnhofstraße.

Was muss ich sehen?

1 Schloss Steinfurt
2 Burgmannshöfe in Horstmar

Wo tank' ich auf?

Haus Veltrup
Hohe Str. 2, Laer
Gaststätte „Zum Münstertor"
Münsterstraße 17, Horstmar
Westfalenschänke
Markt 9, Steinfurt

Kartentipp: **ADFC-Regionalkarte Münsterland,** 1:75.000

Scan den QR-Code & hol Dir Deine Tour!

Tour 11

TOURSTART

Sie starten am Bahnhof Burgsteinfurt. Der Bahnhof hat zwei Bahnsteige mit jeweils einem Gleis. Beide Bahnsteige sind über eine Rampe zugänglich.

*Los geht's vom Bahnhof (54) über die **Knotenpunkte** 56 und 55 zur 52 in Steinfurt-Borghorst.*

Die Route führt unter anderem vorbei an 1 **Schloss Steinfurt** (s. **Ortsporträt** auf den Seiten 50-55).

In Steinfurt-Borghorst zeigt das **Heinrich-Neuy-Bauhaus-Museum** Werke und Objekte des Bauhauskünstlers Heinrich Neuy, der von 1932 bis zu seinem Tod 2003 im Steinfurter Ortsteil Borghorst lebte und wirkte. Das Museum ist in einem ehemaligen Stiftskurienhaus des Damenstifts Borghorst (Kirchplatz 5) eingerichtet. Zu den Exponaten zählen Gemälde, Tischlerarbeiten, Sessel und Stühle sowie weitere bauhaustypische Objekte wie Lampen, Türklinken und Tapeten.

Windmühle in Laer

*Sie radeln weiter über die **Knotenpunkte** 49 und 18 zum **Punkt** 61 in Laer.*

Die römisch-katholische **Pfarrkirche St. Bartholomäus** im Ortszentrum wurde als spätgotische Hallenkirche aus Baumberger Sandsteinquadern errichtet. Am wuchtigen Westturm findet sich die Jahreszahl 1448.

Die schön an einem kleinen Teich gelegene **Kappenwindmühle** stammt aus den 1920er Jahren und wird als Wohnhaus genutzt.

In einem Gebäude, das der Holzschuhmachermeister Clemens Bäumer im Jahre 1935 als Wohnung und Werkstatt errichten ließ, befindet sich heute das **Holskenmuseum** (Holzschuhmuseum). Gezeigt werden Handwerkzeuge und Maschinen zur Holzschuhproduktion sowie die Wohnung des Holzschuhmachermeisters. (Adresse: Terup 25).

*Von Laer führt unsere Tour weiter über die 60 zum **Knotenpunkt** 63.*

An der Darfelder Straße sehen Sie zwei zusammengewachsene Linden mit einem Steinkreuz. Das aus Baumberger Sandstein gehauene „Heidenkreuz" erinnert an die Christianisierung. Dahinter befand sich der Heidenbaum, eine über 500 Jahre alte Gerichtslinde. Durch einen Sturm wurde 1990 die gesamte Baumkrone der Linde zerstört.

*Sie radeln nun über den **Knotenpunkt** 6 zur 1 in Horstmar.*

Die Stadt entstand südlich der Burganlage „Hustmere", die im frühen 11. Jahrhundert urkundlich erwähnt und seit dem 15. Jahrhundert zur Landesfestung gegen die Grafschaft Steinfurt ausgebaut wurde. Im Dreißigjährigen Krieg wurde die Burg 1635 zerstört.

Der quadratische historische Ortskern war früher von acht 2 **Burgmannshöfen** umgeben, von denen noch vier gut erhalten sind. Die Gründung der Burgmannshöfe geht auf das 11. Jahrhundert zurück. Nach mehrfachen Umbauten stammen heute die ältesten Höfe aus dem 16. Jahrhundert. Die Burgmänner waren die eigentlichen Herren der Stadt.

Am beeindruckendsten ist der 1561 erbaute **Merveldter Hof**. Beim Seitenflügel und dem Ostgiebel wechseln sich Lagen von roten Ziegelsteinen und weißen Sandsteinen ab. „Specklagen" nennt man im Münsterland diese eigenwillige Architektur.

Merveldter Hof in Horstmar

Haus Alst

Der **Sendenhof** ist mit dem nördlichen Stadttor verbunden. Als älteste erhaltene Teile stammen drei Kellerräume mit Tonnengewölbe ebenso wie das Untergeschoss des Stadttores aus dem 13. Jahrhundert. Das heutige Gebäude wurde 1756 einstöckig in Ziegelsteinmauerwerk errichtet. Der **Borchorster Hof** mit seinem zweistöckigen breit gelagerten Herrenhaus und großen Fenstern ist der älteste der Horstmarer Burgmannshöfe. Beim **Münsterhof** wird die zweistöckige Fassade durch zehn große Steinkreuzfenster belebt.

Tour 11

*Unser nächstes Ziel ist der **Knotenpunkt** 2. Dabei bietet sich die Möglichkeit zu einem Abstecher auf den Schöppinger Berg.*

Dort bieten sich gute Ausblicke vor allem auf die Landschaft der südlich gelegenen Baumberge. Die Bergkapelle wurde nach 1707 errichtet.

Zwischen 1963 und 1987 war auf dem Schöppinger Berg eine NATO-Einheit mit zeitweise über tausend niederländischen und US-amerikanischen Soldaten stationiert. Heute nutzen Funkamateure das Gelände, um Antennen zu testen und an weltweiten Amateurfunkwettbewerben teilzunehmen.

*Vom **Knotenpunkt** 2 radeln Sie weiter durch Leer über die **Punkte** 53 und 55 zur 56 in Steinfurt.*

In Steinfurt passieren Sie das 1 **Schloss Steinfurt**. Eine ausführliche Besichtigung der Stadt lohnt sich. Weitere Informationen finden Sie im ausführlichen **Ortsporträt Steinfurt** (s. Seiten 50-55).

*Zurück zum Bahnhof Burgsteinfurt, Ihrem Ausgangspunkt, folgen Sie den Schildern **Knotenpunkt** 54.*

Reisemobilstellplätze an oder nahe der Route

Wohnmobilstellplatz an der Polizeistation in Steinfurt
Liedekerker Straße 70, Steinfurt

Wohnmobilstellplatz Cordes in Laer
Horstmarer Straße 11, Laer

Wohnmobilstellplatz am alten Bahnhof Horstmar
Am Bahnhof 2, Horstmar

E-Bike Ladestationen an oder nahe der Route

Cafe am Markt
Markt 11, Steinfurt

Café Schwan
Steinstraße 7, Steinfurt

Café-Restaurant Bagno
Hollich 156, Steinfurt

Su Nuraghe
Emsdettner Straße 27, Steinfurt-Borghorst

Kater Cafe im HeinrichNeuy-BauhausMuseum
Kirchplatz 5, Steinfurt-Borghorst

Café Mauritius
Marienplatz 2, Steinfurt-Borghorst

Altdeutsche Schänke Smeddinck
Munsterdamm 43, Laer

Hof-Café Zum Torhaus
Altenburg 12, Laer

Holskenbänd
Schulstraße 12-14, Horstmar

Café Ebbinghoff
Holskenhook 2, Horstmar

Tante Toni Landhotel
Dorfstraße 9, Horstmar-Leer

Tour 12 Länge 47 km

Glockenmuseum in Gescher

WO DIE GLOCKEN GEGOSSEN WERDEN

Eine Rundtour von Coesfeld über Gescher, Velen und Hochmoor zurück nach Coesfeld

Die Tour führt nach Gescher, wo seit Jahrhunderten das Handwerk des Glockengießens gepflegt wird und durch die Parklandschaft des Westmünsterlandes mit Hochmoorresten.

Was erwartet mich?

47,2 km, eine landschaftlich überaus reizvolle Tour auf überwiegend naturbelassenen und asphaltierten Wirtschaftswegen durch die leicht wellige Parklandschaft des Westmünsterlandes.

Wie komm' ich hin?

ÖPNV: Bahnhof Coesfeld

Mit dem Auto: A 31 Ausfahrt Gescher/Coesfeld oder A 43 Ausfahrt Dülmen. In Coesfeld zum Bahnhofsweg (Parkplatz auf der Bahnhofsrückseite).

Was muss ich sehen?

1. **Westfälisches Glockenmuseum** Gescher
2. **Wasserschloss Velen**
3. **Torfmuseum** in Hochmoor

Wo tank' ich auf?

Grimmelt's Burger Bude
Hauptstraße 30, Gescher

Brasserie Mocca
Coesfelder Str. 7, Velen

Brauhaus Stephanus
Overhagenweg 1, Coesfeld

Kartentipp: **ADFC-Regionalkarte Münsterland,** 1:75.000

Scan den QR-Code & hol Dir Deine Tour!

Tour
12

TOURSTART

Sie starten am Bahnhof in Coesfeld. Dieser Bahnhof hat drei Bahnsteige. Gleis 3 ist stufenlos erreichbar. Zu den Gleisen 4, 5 und 7 führen Aufzüge. Gleis 7 ist zudem stufenlos über die Bahnhofrückseite erreichbar.

Sie radeln von der Bahnhof-Rückseite nach rechts, treffen auf die Berkel und folgen der Beschilderung links zum ***Knotenpunkt*** *5.*

Ältere Bürgerhäuser findet man in der Stadt kaum noch. Coesfeld war im Zweiten Weltkrieg stark zerstört worden und etliche Bauten, die die Bombardements überstanden hatten, fielen bis in die 1980er Jahre hinein der Stadtsanierung zum Opfer. Von der früheren Stadtbefestigung blieb nur das **Walkenbrückentor** im Nordwesten des Stadtzentrums erhalten.

Die **Lambertikirche** am Marktplatz war ursprünglich eine im 13. Jahrhundert erbaute romanische Kirche, die 1473 zu einer gotischen Hallenkirche erweitert wurde. Im Innern wird das Coesfelder Kreuz, ein großes Gabelkreuz verehrt. Wallfahrer finden sich hier am Sonntag nach dem Fest der Kreuzerhöhung (14. September) zur „Großen Kreuztracht" ein.

Walkenbrückentor in Coesfeld

Auch die aus der Zeit um 1200 stammende **Jakobi-Kirche** wurde im 15. Jahrhundert erweitert und am 21. März 1945 durch Sprengbomben völlig zerstört. Lediglich das Turmportal wurde originalgetreu rekonstruiert, als die Kirche in den 1950er-Jahren modern neu aufgebaut wurde. Im Mittelalter war sie eine Station für Pilger auf dem Jakobsweg.

Die ehemalige **Synagoge** an der Weberstraße 7, die zwischen 1807 und 1810 im barocken Stil errichtet wurde, wurde während der Reichspogromnacht vom 9. auf den 10. November 1938 nicht niedergebrannt, allerdings wurde die Inneneinrichtung von den Nazis vollständig zerstört. Der Nachbar, der das Niederbrennen der Synagoge verhinderte, kaufte anschließend das demolierte Gebäude. 1962 erwarb die Evangelisch-Freikirchliche Gemeinde das Haus und nutzt es seither für Gottesdienste. Der Thoraschrein und die noch teilweise vorhandene Frauenempore wurden restauriert.

*Weiter führt unsere Route über die **Knotenpunkte** 8, 40, 41 und 28 zum **Knotenpunkt** 81 in Gescher.*

Seit 2013 trägt Gescher den offiziellen Namenszusatz **Glockenstadt**. Seit 1790 werden hier in der Glo-

Westfälisches Glockenmuseum in Gescher

ckengießerei Petit & Gebr. Edelbrock weltberühmte Glocken gegossen. Sie geht zurück auf den lothringischen Glocken- und Kanonengießer Jean Francois Petit, dessen Sohn Alexius sich nach Reisen durch die Niederlande schließlich in Gescher niederließ. Das Unternehmen konnte bereits 1855 auf der Pariser Weltausstellung eine Silbermedaille in Empfang nehmen. Nach einem Insolvenzverfahren zwischen 2010 und 2012 wurden bis 2016 über 100 Glocken zwischen 200 und 4800 Kilogramm gegossen. 2021 zählte die renommierte Glockengießerei 26 Beschäftigte.

Die Geschichte und Technik dieses Handwerks für die Stadt lässt sich im 1 **Westfälischen Glockenmuseum Gescher** nachvollziehen. Das Museum zeigt rund 1000 Exponate. Unter den diversen Glocken, Glöckchen und Schellen sind auch zwei Glocken aus der Römerzeit ausgestellt. Eine eigene Gelbgießerei und ein originalgetreu nachgebauter Arbeitsplatz demonstrieren die Technik des Glockengießens.

Der **Museumshof** auf dem Braem zeigt die Lebens- und Arbeitsbedingungen auf dem Lande um 1920. Da gibt es im Heimathaus den Wohnraum mit Herdfeuer und dem „westfälischem Himmel" zu sehen, in dem Schinken und Mettwürste im Rauch an Geschmack gewinnen. Am Boden sind Werkzeuge von Holzschuhmachern, Tischlern, Seildrehern und Fassmachern ausgestellt. Ein Bauerngarten, ein Spieker und eine Scheune runden das museale Angebot ab.

*In Gescher folgen Sie den Schildern zum **Knotenpunkt** 80 und weiter zur 76 und 72 in Velen.*

Dort passieren Sie das 2 **Wasserschloss Velen**. Es wurde 1240 erstmals urkundlich erwähnt. Im Zuge einer Fehde wurde die Burg 1371 durch Truppen des Bischofs von Münster eingenommen und zum Lehen des Bistums. Im Dreißigjährigen Krieg wurde das Schloss 1627 durch Truppen Ernst von Mansfelds erobert und geplündert. Das Schloss ist noch heute im Besitz der Familie Landsberg-Velen, die 1840 in den Grafenstand erhoben wurde und wird von wechselnden Pächtern als Hotel genutzt.

*Sie radeln weiter zum **Knotenpunkt** 79.*

Dort passieren Sie den zu Gescher gehörenden Ortsteil Hochmoor.

In der ehemaligen Dorfschule ist mittlerweile ein kleines 3 **Torfmuseum** eingerichtet, das den Torfabbau von den Anfängen des Torfstichs bis zur industriellen Arbeit im Moor dokumentiert. Auch die Entwicklung des Ortsteils, in dem nach 1945 auch Vertriebene eine neue Heimat fanden, wird dargestellt.

Bis in die 1960er Jahre war das **Weiße Venn** zwischen Velen und Coesfeld das größte Moorgebiet in Westfalen. Dann wurde es mittels Tiefpflug weitgehend trockengelegt, abgetorft und kultiviert.

Unmittelbar hinter dem Ortsteil Hochmoor erstreckt sich linker Hand das Naturschutzgebiet Fürstenkuhle als Hochmoorrest. Das Waldgebiet wird von extensiv genutztem Grünland und Feuchtwiesen mit einigen künstlich angelegten Blänken umsäumt, die von Rast- und Brutvögeln aufgesucht werden. Die dortige Tier- und Pflanzenwelt gilt als einzigartig in Nordrhein-Westfalen. Den Kern des Naturschutzgebietes bilden noch renaturierungsfähige degradierte Hochmoore, die sich über die 5,5 Hektar erstrecken. Hier wachsen typische Hochmoorpflanzen wie Torf-

Reisemobilstellplätze an oder nahe der Route

Wohnmobilstellplatz am Konzert-Theater in Coesfeld
Osterwicker Straße 39, Coesfeld

Wohnmobilstellplatz am Brauhaus Stephanus in Coesfeld
Overhagenweg 1, Coesfeld

Wohnmobilstellplatz am Freibad in Velen
Geeste 46, Velen

E-Bike Ladestationen an oder nahe der Route

Hotel Restaurant Jägerhof
Süringstr. 48, Coesfeld

Café Central
Bernhard-von-Galen-Str. 33 - 37, Coesfeld

Kreishaus Coesfeld
Friedrich-Ebert-Straße 7, Coesfeld

Ladestation
Lindenstraße 2, Gescher

Ladestation
Armlandstraße 16, Gescher

Hotel Zum Tiergarten
Rekener Straße 50, Velen

moose, rundblättriger Sonnentau und Wollgräser. Darüber hinaus leben dort etwa 3000 Moorfrösche. Auch Reptilien wie Kreuzotter, Waldeidechse und Blindschleiche sind dort zu finden. Im Rahmen des Naturschutzes soll die Wiedervernässung weiter vorangetrieben werden.

*Vom Punkt 79 geht es weiter zum **Knotenpunkt** 78.*

Dort streifen Sie das **Kuhlenvenn**, ein weiteres erhaltenes Überbleibsel des Weißen Venns. Hier wurde zwischen 1984 und 1988 Sand für den Bau der Autobahn A 31 abgebaut und ein künstlicher See angelegt. Heute ist das Kuhlenvenn ein international bedeutendes Rückzugsgebiet für Wasser-, Wat- und Wiesenvögel aller Art, die es zur Brut, als Rastplatz oder zum Überwintern aufsuchen.

Zu den schützenswertesten Vogelarten, die ebenfalls im Kuhlenvenn leben, gehören der Große Brachvogel, Kiebitz, Kormoran, Uferschnepfe, Löffelente, Zwergtaucher, Rotmilan, Sperber und Turmfalke sowie Steinkauz, Wiesenpieper und Rauchschwalbe, die allesamt auf der Roten Liste stehen.

*Sie radeln weiter zum **Knotenpunkt** 45 am Anna-Katharina-Emmerick-Haus.*

Das Gebäude ist die Rekonstruktion des Geburtshauses der Anna Katharina Emmerick am originalen Standort und eine museal eingerichtete Gedenkstätte an die 2004 von Papst Johannes Paul II. Seliggesprochene.

Schloss Velen

Anna Katharina Emmerick wurde 1824 in einer kinderreichen Kleinbauernfamilie in der Coesfelder Bauerschaft Flamschen geboren und trat mit 28 Jahren in das Augustinerinnenkloster Agnetenberg in Dülmen ein. 1812 verließ sie als letzte das unter französischer Herrschaft aufgehobene Kloster. Ab 1813 gab es Berichte, sie trage die Wundmale Jesu am Leib und habe Visionen. Der Schriftsteller Clemens Brentano machte sie mit seinen Veröffentlichungen weltbekannt.

*Das letzte Stück zu Ihrem Ausgangspunkt, dem Bahnhof in Coesfeld, fahren Sie weiter über den **Knotenpunkt** 5 und auf dem gleichen Weg wie auf der Hinfahrt nach Coesfeld hinein.*

Tour 13 Länge 49 km

Billerbeck aus der Vogelperspektive

ZU KIRCHEN UND KLÖSTERN

Eine Rundtour von Billerbeck über Darfeld und Schloss Varlar nach Coesfeld und zurück nach Billerbeck

Die Tour führt zum traumhaften Wasserschloss Darfeld, zum ehemaligen Kloster und späteren Schloss Varlar, zu mittelalterlichen Kirchen in Coesfeld und über Kloster Gerleve zu den Meisterwerken der Sandstein-Bildhauer in der Johanniskirche in Billlerbeck.

Was erwartet mich?

49,3 km, eine landschaftlich überaus reizvolle Tour auf überwiegend naturbelassenen und asphaltierten Wirtschaftswegen durch die wellige Parklandschaft der Baumberge. Gleich zu Beginn der Tour zwischen Billerbeck und am Ende zwischen Coesfeld und Billerbeck gibt es deutliche Steigungen.

Wie komm' ich hin?

ÖPNV: Bahnhof Billerbeck
Mit dem Auto: A 43, Ausfahrt Nottuln, über Nottuln weiter nach Billerbeck, dort Bahnhofstraße.

Was muss ich sehen?

1 Schloss Darfeld
2 Pfarrkirche St. Johannes der Täufer

Wo tank' ich auf?

Hotel-Restaurant Feldkamp
Darfelder Markt 38, Rosendahl
Brauhaus Stephanus
Overhagenweg 1, Coesfeld
Gaststätte am Kloster Gerleve
Billerbeck
Mertens meets Homoet
Schmiedestraße 2, Billerbeck

Kartentipp: **ADFC-Regionalkarte Münsterland,** 1:75.000

Scan den QR-Code & hol Dir Deine Tour!

Tour 13

TOURSTART

Sie starten am Bahnhof in Billerbeck. Der Bahnhof hat zwei Bahnsteige mit jeweils einem Gleis. Im Regelverkehr wird nur der Bahnsteig 1 angefahren, der stufenlos erreichbar ist.

*Los geht's vom Bahnhof über den **Punkt** 31 zum **Knotenpunkt** 19.*

Dabei passieren Sie den **Ludgerusbrunnen**. Urkundlich wird der Brunnen erstmals 1541 erwähnt. Die barocke Brunnenkapelle stammt aus dem Jahr 1702. Der Brunnen befindet sich an der Stelle einer alten heidnischen Kultstätte der Sachsen, der „kleinen Alstätte". Der heilige Ludgerus hatte als Missionar im Münsterland gewirkt, wurde erster Bischof von Münster und ist 809 in Billerbeck gestorben. Einer Legende zufolge soll Ludgerus einmal in der Bauerschaft Bockelsdorf zwei Gänse in einen trockengefallenen Brunnen gesteckt haben, die dann an der Stelle des heutigen Ludgerusbrunnens wieder ans Tageslicht kamen.

*Sie folgen den Schildern nach links über den **Knotenpunkt** 25 zur 18.*

Dabei passieren Sie 1 **Schloss Darfeld**. In Darfeld herrschten in der Zeit von 1092 bis 1290 die Ritter von Darfeld im Auftrag des Hochstifts Münster. 1553 besaß die Adelsfamilie von Vörden das Grundstück, auf dem Jobst von Vörden als erster ein Wasserschloss erbauen ließ und sich damit einen Traum erfüllte: ein Schloss mit einem Hauch südlicher Leichtigkeit, dessen schlanke Mauern sich anmutig im stillen Wasser der Gräfte spiegeln.

Der münstersche Bildhauer Gerhard Gröninger ließ diesen Traum in Darfeld Wirklichkeit werden: Aus dem gelben Sandstein, der heute noch in den nahen Baumbergen gewonnen wird, formte er, inspiriert von französischen und italienischen Vorbildern, im Stil der venezianischen Renaissance die herrlichen zweigeschossigen Bogenhallen, zierliche Sälen und Balustraden, gedrängte Rundbögen und meisterhaft behauene Kapitelle unter reichen Verzierungen. So gestaltete er Schloss Darfeld zu einem einzigartigen Beispiel südländischer Baukunst im nördlichen Deutschland.

Der Bauherr Jobst von Vörden war allerdings mit dem Ergebnis unzufrieden und ließ den 1612 von Gröninger begonnenen Bau 1618 von anderen Baumeis-

Ludgerusbrunnen
in Billerbeck

tern fertigstellen. 1680 erwarb Goswin Droste zu Vischering Gut und Schloss Darfeld. Nach dessen Tod ging es in den Besitz der Familie Droste zu Vischering über, die es noch heute bewohnt.

Der heutige zweigeschossige Bau ist eine Rekonstruktion des Vorgängerbaues. Das Herrenhaus wurde nach einem Brand von 1899 zwischen 1902 und 1904 im Stil der Neorenaissance wieder errichtet. Von dem Vorgängerbau stammen Elemente der Gestaltung und einige Bauteile wie der äußere Eckturm im Südwesten.

Das Wasserschloss wird bis heute privat bewohnt. Eine Besichtigung ist nicht möglich. Es bleibt der faszinierende Blick über die Gräfte.

Schloss Darfeld

Von der ⓲ radeln Sie weiter über den ***Knotenpunkt*** *⓱ zum* ***Knotenpunkt*** *⓯ am Schloss Varlar.*

Achten Sie kurz vor dem Schloss auf eine auffällig einzeln stehende alte Scheune. Sie gehört zu den wenigen noch erhaltenen „Mäusepfeilerscheunen". Durch konisch zulaufende Steine, die oben mit einer Steinplatte abgedeckt sind, schützten sich die Bauern vor den gefräßigen Nagern, denn den großen Winkel zwischen Fundament und Abdeckplatte können diese nicht überwinden.

Das heutige **Schloss Varlar** war ab 1123/24 ein Stift des Prämonstratenserordens, der damals auch moderne Methoden der Landwirtschaft einführte. Später diente das Stift als Versorgungsanstalt für nachgeborene Söhne des Adels. Im Zuge der Säkularisation 1803 ging das Kloster in den Besitz der Wild- und

Rheingrafen zu Salm über, die damit für den Verlust ihrer linksrheinischen Besitzungen unter französischer Herrschaft entschädigt wurden. Aus dem katholischen Kloster wurde damit die Residenz einer gräflichen protestantischen Familie.

Schloss Varlar

Im 19. Jahrhundert wurden Teile der Klosteranlage, darunter die Kirche, abgerissen und Umbauten zu einem Schloss vorgenommen. Die Ostfassade wurde 1828 durch den Architekten Adolph von Vagedes im klassizistischen Stil gestaltet.

*An der 16 biegen Sie links ab und radeln weiter teils durch ein ausgedehntes Waldgebiet zum **Knotenpunkt** 6 am ehemaligen Jagdschlösschen.*

Dieses wurde 1705 nach den Plänen von Johann Conrad Schlaun errichtet und gehörte zum Schloss Varlar. Eine zweiläufige hölzerne Treppe führt zur Eingangstür, über der ein beeindruckend schöner Wappenstein auf die früheren Besitzer hinweist.

*Unsere Tour führt nun über die **Knotenpunkte** 40 und 8 zum **Punkt** 5.*

Dabei passieren Sie **Haus Loburg**, ein Herrenhaus aus dem 16. Jahrhundert. Nach der Zerstörung bei einem Bombenangriff am 10. März 1945 wurde zwischen 1946 und 1949 der Torflügel als zweigeschossiger

Haus Loburg in Coesfeld

Backsteinbau mit Werksteingliederung und Staffelgiebel im Stil der Renaissance wieder aufgebaut. Das Haus befindet sich seit 1912 im Besitz der Adelsfamilie Salm-Salm und wird von ihr privat bewohnt.

*Nach links führen Sie die Schilder nun ins Zentrum von Coesfeld, zum **Knotenpunkt** 10.*

Ältere Bürgerhäuser findet man in Coesfeld kaum noch. Die Stadt war im Zweiten Weltkrieg stark zerstört worden und etliche Bauten, die die Bombardements überstanden hatten, fielen bis in die 1980er Jahre hinein der Stadtsanierung zum Opfer. Von der früheren Stadtbefestigung blieb nur das **Walkenbrückentor** im Nordwesten des Stadtzentrums erhalten.

Die **Lambertikirche** am Marktplatz war ursprünglich eine im 13. Jahrhundert erbaute romanische Kirche, die 1473 zu einer gotischen Hallenkirche erweitert wurde. Im Innern wird das Coesfelder Kreuz, ein großes Gabelkreuz verehrt. Wallfahrer finden sich hier am Sonntag nach dem Fest der Kreuzerhöhung (14. September) zur „Großen Kreuztracht" ein.

Auch die aus der Zeit um 1200 stammende **Jakobi-Kirche** wurde im 15. Jahrhundert erweitert und am 21. März 1945 durch Sprengbomben völlig zerstört. Lediglich das Turmportal wurde originalgetreu rekonstruiert, als die Kirche in den 1950er-Jahren modern neu aufgebaut wurde. Im Mittelalter war sie eine Station für Pilger auf dem Jakobsweg.

Die ehemalige **Synagoge** an der Weberstraße 7, die zwischen 1807 und 1810 im barocken Stil errichtet wurde, wurde während der Reichspogromnacht vom 9. auf den 10. November 1938 nicht niedergebrannt, allerdings wurde die Inneneinrichtung von den Nazis vollständig zerstört. Der Nachbar, der das Niederbrennen der Synagoge verhinderte, kaufte anschließend das demolierte Gebäude. 1962 erwarb die Evangelisch-Freikirchliche Gemeinde das Haus und nutzt es seither für Gottesdienste. Der Thoraschrein und die noch teilweise vorhandene Frauenempore wurden restauriert.

*Über den **Knotenpunkt** 11 fahren Sie wieder raus aus der Stadt und weiter zum **Knotenpunkt** 12.*

Die deutliche Steigung, die Sie auf halber Strecke zu meistern haben, wird mit einer guten Aussicht von der Dreilindenhöhe belohnt.

*Nach rechts gelangen Sie durch die hügelige Landschaft zum **Knotenpunkt** 22.*

Dabei passieren Sie die **Benediktinerabtei Gerleve**, in der Gaststätte können Sie verschnaufen.

Die Abtei Gerleve wurde 1899 nach einer bäuerlichen Schenkung von Mönchen der Erzabtei Beuron gegründet und 1904 zur Abtei erhoben. Der Bau ist eine dreischiffige Basilika aus Sandstein im Stil der Neoromanik. 1936 gehörten der Abtei 100 Mönche an. 1941 wurden die Mönche von den Nazis aus der Abtei vertrieben und zwei Patres ins KZ Dachau gesperrt. Das Klostergebäude wurde anschließend teils als Heim des

Haus Beckebans in der Münsterstraße in Billerbeck

NS-„Hilfswerk Mutter und Kind", teils als „Lehrhof der Hitler-Jugend des Gaues Westfalen-Nord" genutzt. Kurz vor Kriegsende wurde am 11. Februar 1945 dort ein Luftwaffenlazarett eingerichtet, das nach der Befreiung am 30. März 1945 als Lazarett für Verwundete aller Nationen weitergeführt wurde, zunächst unter US-amerikanischer, dann sowjetischer und zuletzt polnischer Leitung. 200 Tote wurden auf dem Klosterfriedhof beigesetzt. Erst 1946 konnten die Mönche nach Gerleve zurückkehren.

*Unsere Tour führt nun über die **Knotenpunkte** 23, 24, 38 und 29 zum **Knotenpunkt** 31 im Zentrum von Billerbeck.*

Dabei passieren Sie in Billerbeck den **Richthof**, eine 1820 erbaute, eingeschossige Vierflügelanlage, der daran erinnert, dass Billerbeck bereits 1302 Stadtrechte erhielt und damit das Amt eines Stadtrichters besetzte, sowie die Propsteikirche St. Ludgerus, die wegen ihrer über 100 Meter hohen Türme von den

Reisemobilstellplätze an oder nahe der Route

Wohnmobilstellplatz am Freibad in Billerbeck
Osterwicker Straße 31, Billerbeck

Wohnmobilstellplatz an der Reithalle in Rosendahl
Sudetenstraße, Rosendahl

Wohnmobilstellplatz am Konzert-Theater
Osterwicker Straße 39, Coesfeld

Wohnmobilstellplatz am Brauhaus Stephanus
Overhagenweg 1, Coesfeld

In der Pfarrkirche St. Johannes der Täufer

Billerbeckern gerne auch als „Dom" bezeichnet wird.

Kunsthistorisch sehr viel bedeutender ist die kleinere 2 **Pfarrkirche St. Johannes der Täufer**, meist Johannis-Kirche bezeichnet, im Süden des Stadtzentrums. Die reiche Ausstattung der Kirche beinhaltet Werke vom 15. bis ins späte 18. Jahrhundert. Dazu gehören die gotische Doppelstrahlenmadonna und die Anna Selbdritt aus der Zeit um 1580, die Pieta von Johann Wilhelm Gröninger 1715, eine Renaissancekanzel und ein prachtvoller steinerner Osterleuchter. In der Taufkapelle im Untergeschoss des Turmes befindet sich ein spätgotischer Taufstein von 1497. Das kelchförmige Becken ist aus einem Stück Sandstein gearbeitet. Acht Reliefs an den Seitenteilen zeigen Bilder zum Thema Taufe aus dem Alten und Neuen Testament. Der Kirchplatz ist noch mit historischen Fachwerkbauten umgeben, die ein geschlossenes Bild zeigen. Die ältesten Häuser stammen noch aus dem späten Mittelalter.

Mehr Informationen über die Sehenswürdigkeiten in Billerbeck finden Sie im **Ortsporträt** (s. Seiten 112-115).

Sie radeln anschließend weiter wie auf dem Hinweg zum Bahnhof, Ihrem Ausgangspunkt.

E-Bike Ladestationen an oder nahe der Route

Billerbeck´s Bahnhof

Rathaus Billerbeck
Markt 1, Billerbeck

Hotel Homoet
Schmiedestr. 2, Billerbeck

Domcafé Frede
Markt 3, Billerbeck

Hotel Domschenke
Markt 6, Billerbeck

Hotel Restaurant Feldkamp
Darfelder Markt 38,
Rosendahl-Darfeld

Generationenpark Darfeld
Am Bahnhof 21,
Rosendahl-Darfeld

Ladestation
Varlar 117, Rosendahl

Hotel Restaurant Jägerhof
Süringstr. 48, Coesfeld

Café Central
Bernhard-von-Galen-Str.
33 - 37, Coesfeld

Kreishaus Coesfeld
Friedrich-Ebert-Straße 7,
Coesfeld

Orts-portrait

BILLERBECK

Die Stadt im Talkessel der Baumberge geht auf den heiligen Liudger zurück. Der erste Bischof von Münster taufte hier und gründete bereits vor dem Jahr 800 die Pfarrkirche St. Johannes. An seinem Sterbeort wurde im 11. Jahrhundert eine Kapelle errichtet.

Heute erhebt sich dort die zwischen 1892 und 1898 erbaute neugotische **Ludgeri-Kirche** aus **Baumberger Sandstein**, die wegen ihrer über 100 Meter hohen Türme von den Billerbeckern gerne auch als „Dom" bezeichnet wird. Die Kapelle im Südturm steht der Überlieferung zufolge an der Stelle des Sterbehauses Liudgers und ist noch heute Ziel von Pilgern.

Kunsthistorisch sehr viel bedeutender ist die kleinere **Pfarrkirche St. Johannes der Täufer**, meist als Johanniskirche bezeichnet, im Süden des Stadtzentrums. Die

heutige spätromanische Hallenkirche aus Baumberger Sandstein ist an der Stelle der Vorgängerkirche aus der Zeit vor 800 wahrscheinlich im Jahre 1234 erbaut worden. Besonders das kunstvoll und reich an Formen gestaltete Hauptportal an der Nordseite gehört zu den schönsten Beispielen der Spätromanik im Münsterland. An der Nordseite des Turmes befindet sich eine große Kreuzigungsgruppe, die Ende des 16. Jahrhunderts oder Anfang des 17. Jahrhunderts vom Paderborner Bildhauer Heinrich Gröninger geschaffen wurde.

Propsteikirche St. Ludgerus

Haus Beckebans

Die Innenarchitektur deutet auf französische Einflüsse. So ähneln die Pfeilerbündel denen in den romanischen Kirchen von Poitiers und Laon. Die reiche Ausstattung der Kirche beinhaltet Werke vom 15. bis ins späte 18. Jahrhundert. Dazu gehören die gotische Doppelstrahlenmadonna und die Anna Selbdritt aus der Zeit um 1580, die Pieta von Johann Wilhelm Gröninger 1715, eine Renaissancekanzel und ein prachtvoller steinerner Osterleuchter. In der Taufkapelle im Untergeschoss des Turmes befindet sich ein spätgotischer Taufstein von 1497. Das kelchförmige Becken ist aus einem Stück Sandstein gearbeitet. Acht Reliefs an den Seitenteilen zeigen Bilder zum Thema Taufe aus dem Alten und Neuen Testament.

Der **Kirchplatz** ist noch mit historischen Fachwerkbauten umgeben, die ein geschlossenes Bild zeigen. Die ältesten Häuser stammen noch aus dem späten Mittelalter. Das Archidiakonat am Johanniskirchplatz stammt in seinen ältesten Teilen aus der Zeit um 1500. Sie wurden in den heutigen Bau von 1679 integriert.

Die südlich gelegene **Kolvenburg** stammt zum Teil noch aus dem 15. und 16. Jahrhundert.

Das Herrenhaus mit seinem markanten Krüppelwalmdach ist ein typisches Beispiel für Wohnsitze des niederen Adels im Münsterland. Heute wird die Kolvenburg als Kulturzentrum des Kreises Coesfeld genutzt.

Im **Zentrum** von Billerbeck gibt es noch mehrere historische Bauten. Der bedeutendste ist **Haus Beckebans** in der Münsterstraße 6. Das um 1570 errichtete Renaissancegebäude eines Adligen besitzt einen Dreistaffelgiebel, der von Muschelaufsätzen bekrönt ist. Es zeigt zugleich die reizvolle Gliederung der münsterländischen „Specklagentechnik“ aus roten Ziegelsteinen und gleichmäßig verlegten Werksteinbändern aus dem gelben Baumberger Sandstein.

Gleich um die Ecke in der Kurzen Straße erinnert ein nicht zu übersehendes **Denkmal** an die von den Nazis deportierten und ermordeten jüdischen Bürgerinnen und Bürger Billerbecks. All ihre Namen sind dort verzeichnet. Die Gemeinschaftsschule der Stadt wurde nach den Geschwistern Eichenwald benannt, Kindern die in Auschwitz vergast wurden.

Der **Richthof**, eine 1820 erbaute, eingeschossige Vierflügelanlage, an der Mühlenstraße erinnert daran, dass Billerbeck bereits 1302 Stadtrechte erhielt und damit das Amt eines Stadtrichters besetzte.

Orts-
portrait

Kolvenburg

Kloster Gerleve

Die **Benediktinerabtei Gerleve**, südlich der Stadt in Richtung Coesfeld, wurde 1899 nach einer bäuerlichen Schenkung von Mönchen der Erzabtei Beuron gegründet und 1904 zur Abtei erhoben. Der Bau ist eine dreischiffige Basilika aus Sandstein im Stil der Neoromanik. 1936 gehörten der Abtei 100 Mönche an. 1941 wurden die Mönche von den Nazis aus der Abtei vertrieben und zwei Patres ins KZ Dachau gesperrt. Das Klostergebäude wurde anschließend teils als Heim des NS-„Hilfswerk Mutter und Kind", teils als „Lehrhof der Hitler-Jugend des Gaues Westfalen-Nord" genutzt. Kurz vor Kriegsende wurde am 11. Februar 1945 dort ein Luftwaffenlazarett eingerichtet, das nach der Befreiung am 30. März 1945 als Lazarett für Verwundete aller Nationen weitergeführt wurde, zunächst unter US-amerikanischer, dann sowjetischer und zuletzt polnischer Leitung. 200 Tote wurden auf dem Klosterfriedhof beigesetzt. Erst 1946 konnten die Mönche nach Gerleve zurückkehren.

Schloss Darfeld

Tour 14 Länge 48 km

VOM ITALIENISCHEN TRAUM ZUM WALLFAHRTSORT

Eine Rundtour von Billerbeck über Darfeld, Eggerode, Horstmar und Laer zurück nach Billerbeck

Die Tour führt zu einigen der schönsten Sehenswürdigkeiten des zentralen Münsterlandes: dem traumhaften Wasserschloss Darfeld, dem mittelalterlichen Wallfahrtsort Eggerode, den historischen Burgmannshöfen in Horstmar und den Meisterwerken der Sandstein-Bildhauer in der Johanniskirche in Billerbeck.

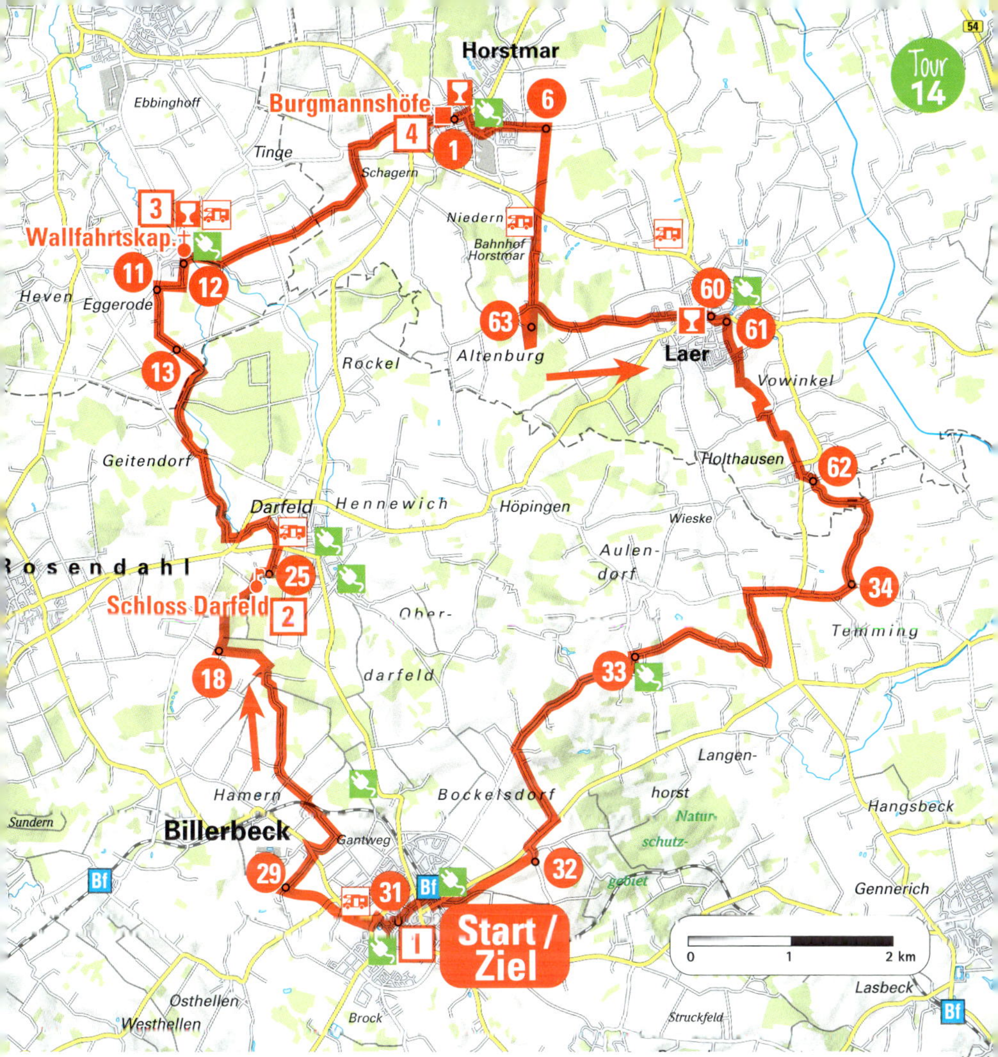

Was erwartet mich?

Eine 48,5 km lange, landschaftlich überaus reizvolle Tour auf überwiegend naturbelassenen und asphaltierten Wirtschaftswegen mit Steigungsstrecken durch die wellige Parklandschaft der Baumberge.

Wie komm' ich hin?

ÖPNV: Bahnhof Billerbeck

Mit dem Auto: A 43, Ausfahrt Nottuln, über Nottuln weiter nach Billerbeck, dort Bahnhofstraße.

Was muss ich sehen?

1 **Stadtzentrum** in Billerbeck
2 **Schloss Darfeld**
3 **Wallfahrtskirche** in Eggerode
4 **Burgmannshöfe** in Horstmar

Wo tank' ich auf?

Eiscafé Eiszeit
Gildestraße 1, Schöppingen-Eggerode
Gaststätte „Zum Münstertor"
Münsterstraße 17, Horstmar
Haus Veltrup
Hohe Str. 2, Laer
Mertens meets Homoet
Schmiedestraße 2, Billerbeck

Kartentipp: **ADFC-Regionalkarte Münsterland, 1:75.000**

Scan den QR-Code & hol Dir Deine Tour!

Tour 14

TOURSTART

Sie starten am Bahnhof in Billerbeck. Der Bahnhof hat zwei Bahnsteige mit jeweils einem Gleis. Im Regelverkehr wird nur Gleis 1 angefahren, das stufenlos erreichbar ist.

*Sie radeln vom Bahnhof über den **Knotenpunkt** 31 an der Berkel entlang zur 29.*

Dabei passieren Sie im 1 **Stadtzentrum von Billerbeck** die **Propsteikirche St. Ludgerus**, von den Billerbeckern gerne auch Ludgerus-Dom genannt, sowie den **Richthof**, eine 1820 erbaute, eingeschossige Vierflügelanlage, der daran erinnert, dass Billerbeck bereits 1302 Stadtrechte erhielt und damit das Amt eines Stadtrichters besetzte. Mehr über Informationen über die Sehenswürdigkeiten in Billerbeck finden Sie im **Ortsporträt** (s. Seiten 112-115).

*Über die Berkel hinweg führt unsere Tour über den **Knotenpunkt** 18 zum **Punkt** 25.*

Hier treffen Sie auf 2 **Schloss Darfeld**.

In Darfeld herrschten in der Zeit von 1092 bis 1290 die Ritter von Darfeld im Auftrag des Hochstifts Münster. 1553 besaß die Adelsfamilie von Vörden das Grundstück, auf dem Jobst von Vörden als erster ein Wasserschloss erbauen ließ und sich damit einen Traum erfüllte: ein Schloss mit einem Hauch südlicher Leichtigkeit, dessen schlanke Mauern sich anmutig im stillen Wasser der Gräfte spiegeln.

Der münstersche Bildhauer Gerhard Gröninger ließ diesen Traum in Darfeld Wirklichkeit werden: Aus dem gelben Sandstein, der heute noch in den nahen Baumbergen

Propsteikirche St. Ludgerus

Schloss Darfeld

gewonnen wird, formte er, inspiriert von französischen und italienischen Vorbildern, im Stil der venezianischen Renaissance die herrlichen zweigeschossigen Bogenhallen, zierliche Sälen und Balustraden, gedrängte Rundbögen und meisterhaft behauene Kapitelle unter reichen Verzierungen. So gestaltete er Schloss Darfeld zu einem einzigartigen Beispiel südländischer Baukunst im nördlichen Deutschland.

Der Bauherr Jobst von Vörden war allerdings mit dem Ergebnis unzufrieden und ließ den 1612 von Gröninger begonnenen Bau 1618 von anderen Baumeistern fertigstellen. 1680 erwarb Goswin Droste zu Vischering Gut und Schloss Darfeld. Nach dessen Tod ging es in den Besitz der Familie Droste zu Vischering über, die es noch heute bewohnt.

Der heutige zweigeschossige Bau ist eine Rekonstruktion des Vorgängerbaues. Das Herrenhaus wurde nach einem Brand von 1899 zwischen 1902 und 1904 im Stil der Neorenaissance wieder errichtet. Von dem Vorgängerbau stammen Elemente der Gestaltung und einige Bauteile wie der äußere Eckturm im Südwesten.

Das Wasserschloss wird bis heute privat bewohnt. Eine Besichtigung ist nicht möglich. Es bleibt der faszinierende Blick über die Gräfte.

Sie radeln weiter an Darfeld vorbei zum ***Knotenpunkt* 13**.

Dabei streifen Sie das Naturschutzgebiet **„Wald bei Haus Burlo"**. Vom ehemaligen Kloster Kleinburlo existieren nur noch wenige Nebengebäude, darunter das Brauhaus und eine ehemalige Wassermühle.

Über den ***Knotenpunkt* 11** *gelangen Sie zum* ***Punkt* 12** *in Eggerode.*

Das mittelalterliche Gnadenbild der Gottesmutter in der 3 **Wallfahrtskapelle**, die um 1850 nach Vorbild der Kevelaerer Kapelle erbaut wurde, zieht jährlich etwa 60.000 Pilger an. Wahrscheinlich waren es Mitglieder des Eggeroder Rittergeschlechts von Stryck, die die noch heute verehrte Madonnenfigur vor 1230 von

Wallfahrtskapelle in Eggerode

einem Kreuzzug mitbrachten. Auf seine mögliche Herkunft aus dem Orient scheint hinzudeuten, dass das Gnadenbild in seinen ältesten Teilen aus Zedernholz besteht. Seit etwa 1300 ist die Wallfahrt nach Eggerode bezeugt. Die ersten Pilger erhofften sich, von der Pest verschont zu bleiben. 1338 wurde die Wallfahrt durch einen päpstlichen Ablass erstmals urkundlich belegt. Damals gehörte Eggerode zu den bekanntesten Marienwallfahrtsorten in Deutschland.

*Hier biegen Sie rechts ab und radeln mit einer deutlichen Steigung zum **Knotenpunkt** 1 in Horstmar.*

Die Stadt entstand südlich der **Burganlage „Hustmere“**, die im frühen 11. Jahrhundert urkundlich erwähnt und seit dem 15. Jahrhundert zur Landesfestung gegen die Grafschaft Steinfurt ausgebaut wurde. Im Dreißigjährigen Krieg wurde die Burg 1635 zerstört.

Der quadratische historische Ortskern war früher von acht 4 **Burgmannshöfen** umgeben, von denen noch vier gut erhalten sind. Die Gründung der Burgmannshöfe geht auf das 11. Jahrhundert zurück. Nach mehrfachen Umbauten stammen heute die ältesten Höfe aus dem 16. Jahrhundert. Die Burgmänner waren die eigentlichen Herren der Stadt.

Am beeindruckendsten ist der 1561 erbaute **Merveldter Hof**. Beim Seitenflügel und dem Ostgiebel wechseln sich Lagen von roten Ziegelsteinen und weißen Sandsteinen ab. „Specklagen“ nennt man im Münsterland diese eigenwillige Architektur.

Der **Sendenhof** ist mit dem nördlichen Stadttor verbunden. Als älteste erhaltene Teile stammen drei Kellerräume mit Tonnengewölbe ebenso wie das Untergeschoss des Stadttores aus dem 13. Jahrhundert. Das heutige Gebäude wurde 1756 einstöckig in Ziegelsteinmauerwerk errichtet. Der **Borchorster Hof** mit seinem zweistöckigen breit gelagerten Herrenhaus und großen Fenstern ist der älteste der Horstmarer Burgmanns-

Reisemobilstellplätze an oder nahe der Route

Wohnmobilstellplatz am Freibad
Osterwicker Straße 31, Billerbeck

Wohnmobilstellplatz an der Reithalle
Sudetenstraße, Rosendahl

Wohnmobilstellplatz am Hotel Winter
Gildestraße 3, Schöppingen-Eggerode

Wohnmobilstellplatz am alten Bahnhof Horstmar
Am Bahnhof 2, Horstmar

Wohnmobilstellplatz Cordes
Horstmarer Straße 11, Laer

höfe. Beim **Münsterhof** wird die zweistöckige Fassade durch zehn großen Steinkreuzfenster belebt.

Aus Horstmar heraus führen die Schilder zum ***Knotenpunkt*** *6 und weiter über 63 und 60 zum* ***Knotenpunkt*** *61 in Laer.*

Wenn Sie im Ort auf die Darfelder Straße stoßen, sehen Sie zwei zusammengewachsene Linden mit einem Steinkreuz. Das aus Baumberger Sandstein gehauene „Heidenkreuz" erinnert an die Christianisierung. Dahinter befand sich der Heidenbaum, eine über 500 Jahre alte Gerichtslinde. Durch einen Sturm wurde 1990 die gesamte Baumkrone der Linde zerstört.

Die **römisch-katholische Pfarrkirche St. Bartholomäus** im Ortszentrum wurde als spätgotische Hallenkirche aus Baumberger Sandsteinquadern errichtet. Am wuchtigen Westturm findet sich die Jahreszahl 1448.

Die schön an einem kleinen Teich gelegene **Kappwindmühle** stammt aus den 1920er Jahren und wird heute als Wohnhaus genutzt.

In einem Gebäude, das der Holzschuhmachermeister Clemens Bäumer im Jahre 1935 als Wohnung und Werkstatt errichten ließ, befindet sich heute das **Holskenmuseum** (Holzschuhmuseum). Gezeigt werden Handwerkzeuge und Maschinen zur Holzschuhproduktion sowie die Wohnung des Holzschuhmachermeisters. (Adresse: Terup 25).

Sie radeln nun zum ***Knotenpunkt*** *62 in Holthausen.*

Die **Kirche St. Marien** wurde ursprünglich 1448 errichtet. Aus dieser Zeit ist noch der Chor erhalten. Nach einem Brand 1771 wurde ein verbreitertes Kirchenschiff angebaut.

Weiter geht es mit einer deutlichen Steigung und anschließendem Gefälle über die ***Knotenpunkte*** *34, 33 und 32 in Richtung auf den* ***Knotenpunkt*** *31 zum Bahnhof Billerbeck, Ihrem Ausgangspunkt.*

E-Bike Ladestationen an oder nahe der Route

Billerbeck´s Bahnhof

Rathaus Billerbeck
Markt 1, Billerbeck

Hotel Homoet
Schmiedestr. 2, Billerbeck

Hotel Domschenke
Markt 6, Billerbeck

Hotel Restaurant Feldkamp
Darfelder Markt 38, Rosendahl-Darfeld

Generationenpark Darfeld
Am Bahnhof 21, Rosendahl-Darfeld

Hotel Winter
Gildestraße 3, Schöppingen-Eggerode

Holskenbänd
Schulstraße 12-14, Horstmar

Café Ebbinghoff
Holskenhook 2, Horstmar

Altdeutsche Schänke Smeddinck
Münsterdamm 43, Laer

Gaststätte Uhlenbrock
Aulendorf 30, Billerbeck

Hotel Weissenburg
Gantweg 18, Billerbeck

Bispinghof in Nordwalde

Tour 15 Länge 49 km

IN DIE HEIMAT DES SANDSTEINS

Eine Rundtour von Altenberge über Havixbeck, Laer und Nordwalde zurück nach Altenberge

Die Tour führt durch die Baumberge, in denen seit Jahrhunderten der Sandstein für die schönsten Bauwerke des Münsterlandes gebrochen wird. Ein Museum erläutert dieses Handwerk. Bauernhöfe am Wegesrand, herrschaftliche Häuser und Kirchen zeigen die Verwendung des Steins.

Was erwartet mich?

49,4 km, eine landschaftlich abwechslungsreiche Tour auf überwiegend naturbelassenen und asphaltierten Wirtschaftswegen durch die wellige Parklandschaft mit einer deutlichen Steigungsstrecke vor Altenberge.

Wie komm' ich hin?

ÖPNV: Bahnhof Altenberge

Mit dem Auto: A 1, Kreuz Münster-Nord, weiter auf der B 54 in Richtung Steinfurt nach Altenberge, dort Eisenbahnstraße.

Was muss ich sehen?

1. **Sandsteinmuseum** in Havixbeck
2. **Bispinghof** in Nordwalde
3. **Eiskeller** in Altenberge

Wo tank' ich auf?

Gasthof & Hotel Kemper
Altenberger Str. 14, Havixbeck

Brauhaus Klute
Poppenbeck 28, Havixbeck

Haus Veltrup
Hohe Str. 2, Laer

Restaurant „Brandenburger Tor Nordwalde"
Emsdettener Str. 16, Nordwalde

Ratsschänke Bornemann
Bahnhofstraße 1, Altenberge

Kartentipp: **ADFC-Regionalkarte Münsterland,** 1:75.000

Scan den QR-Code & hol Dir Deine Tour!

Tour 15

TOURSTART

Sie starten am Bahnhof Altenberge. Der Bahnhof hat zwei Bahnsteige mit jeweils einem Gleis. Beide sind stufenlos erreichbar.

Sie radeln vom Bahnhof ins Ortszentrum zum ***Knotenpunkt*** *4 und weiter zur 4.*

In Altenberge führt die Route vorbei an der Krüsellinde, dem Wappenbaum von Altenberge. An ihr wurden im Mittelalter Femegerichte gehalten. Als deren Symbole liegen Strick und Schwert unter dem Baum.

Vom ***Knotenpunkt*** *3 führt die Tour weiter zur 41 an der Klostermühle Hohenholte.*

Die **Klostermühle** stammt ursprünglich aus dem Jahre 1225 und gehörte über Jahrhunderte zum Damenstift Hohenholte, bis dieses 1811 aufgelöst wurde. Danach übernahm die Müllerfamilie Brockhoff die Mühle. 1925 wurde das inzwischen baufällige Mühlengebäude teilweise abgerissen, teilweise in veränderter Form neu errichtet. Die Mühle blieb bis 1938 in Betrieb. 1992 wurde die Mühle restauriert und ein neues unterschlächtiges Mühlrad angebracht.

Nach rechts fahren Sie durch Hohenholte zum ***Knotenpunkt*** *13 in Havixbeck.*

Dabei radeln Sie durch das ehemalige Stiftsdorf Hohenholte. 1142 wurde hier ein Benediktinerkloster gegründet. Die ersten Mönche kamen aus Reims. Bereits 1188 verließen die Mönche Hohenholte und Augustinerinnen zogen in das Kloster ein. 1557 wurde das Kloster in ein freiweltliches adeliges Damenstift zur Versorgung unverheirateter Adliger umgewandelt, das

Im Zentrum von Havixbeck

1811 im Zuge der Säkularisation aufgehoben wurde. Die 1732 bis 1738 im Barockstil erbaute **Stiftskirche Sankt Georg** wurde anschließend zur Pfarrkirche. Zwischen 1886 und 1890 wurde der Innenraum neu gestaltet.

In Havixbeck finden Sie Hinweisschilder zum

1 Baumberger Sandsteinmuseum

Das Museum im denkmalgeschützten Bauernhof Robert zeigt die Entstehung des in den nahegelegenen Baumbergen abgebauten feinkörnigen gelben Baumberger Sandsteins und dessen 1000-jährige Abbaugeschichte. Zu den berühmten, aus diesem Stein errichteten Bauwerken gehören der Dom und das Rathaus in Münster wurde aus diesem Stein errichtet. Die Männer, die den Sandstein in den Baumbergen brachen, trugen die regionale Berufsbezeichnung Steinbicker. Es werden Geräte, Werkzeuge, typische Sandsteinprodukte und die Kunst der münsterländischen Bildhauer und Steinmetze, die mit Knüpfel und Schlageisen dem Stein die Form ihrer Skulpturen gaben, gezeigt. Im Erdgeschoss lädt ein Café mit Gartenterrasse zu einer Verschnaufpause ein.

In Havixbeck gibt es noch sehr viel mehr zu sehen (s. **Ortsporträt** auf den Seiten 130-135).

*Aus Havixbeck heraus radeln Sie über die **Knotenpunkte** 69 und 34 zum Punkt 62 in Holthausen.*

Die Kirche St. Marien wurde ursprünglich 1448 errichtet. Aus dieser Zeit ist noch der Chor erhalten. Nach einem Brand 1771 wurde ein verbreitertes Kirchenschiff angebaut.

*Nun geht es zum **Knotenpunkt** 61 in Laer.*

Die **römisch-katholische Pfarrkirche St. Bartholomäus** im Ortszentrum wurde als spätgotische Hallenkirche aus Baumberger Sandsteinquadern errichtet. Am wuchtigen Westturm findet sich die Jahreszahl 1448.

Die schön an einem kleinen Teich gelegene **Kappwindmühle** stammt aus den 1920er Jahren und wird heute als Wohnhaus genutzt.

In einem Gebäude, das der Holzschuhmachermeister Clemens Bäumer im Jahre 1935 als Wohnung und Werkstatt errichten ließ, befindet sich heute das **Holskenmuseum** (Holzschuhmuseum). Gezeigt werden Handwerkzeuge und Maschinen zur Holzschuhproduktion sowie die Wohnung des Holzschuhmachermeisters. (Adresse: Terup 25).

*Ein längerer Abschnitt führt Sie zum **Knotenpunkt** 18 und weiter über die 16 zum **Knotenpunkt** 15 am Ortsrand von Nordwalde.*

Wenn Sie einen Abstecher in den Ort unternehmen möchten, dann lohnt es sich in Richtung auf den **Knotenpunkt** 14 zu radeln. Am Ortsausgang geht es linker Hand zu dem von einer Gräfte umflossenen 2 **Bispinghof**. Von den mittelalterlichen Hofgebäuden ist auch hier nur der restaurierte Spieker im Originalzustand erhalten geblieben. Das über 300 Jahre alte „Kornhaus" wurde in den 1950er Jahren zur evangelischen Christuskirche umgebaut. Das Herrenhaus wurde erst im 19. Jahrhun-

Reisemobilstellplätze an oder nahe der Route

Wohnmobilstellplatz am Sportzentrum Großer Berg
Sportzentrum 2, Altenberge

Wohnmobilstellplatz Cordes
Horstmarer Straße 11, Laer

Wohnmobilstellplatz am Freibad in Havixbeck
Kardinal-von-Hartmann-Straße, Havixbeck

Wohnmobilstellplatz am Brauhaus Klute
Poppenbeck 28, Havixbeck

Eiskeller in Altenberge

dert errichtet. Seit 2012 ist die Bürgerstiftung Bispinghof Nordwalde Eigentümerin und bemüht sich um die Instandsetzung des Geländes und die Renovierung der Gebäude. Verschiedene Künstler haben Ateliers im Herrenhaus angemietet.

*Vom **Knotenpunkt** 15 geht es nun weiter zum **Knotenpunkt** 65 ins Zentrum von Altenberge.*

Die **Katholische Pfarrkirche St. Johannes Baptist** stammt in ihren ältesten Teilen aus der Mitte des 14. Jahrhunderts. Zwischen 1882 und 1884 wurde die Kirche um ein Joch nach Westen erweitert und der mittelalterliche Turm ersetzt.

Besonders sehenswert in Altenberge ist der 3 **Eiskeller** der ehemaligen Bierbrauerei der Gebrüder Beuing. Hier wurden im Winter die aus Eisteichen gehauenen Eisblöcke eingelagert und so blieb das Gewölbe auch im Sommer bei einer Temperatur von 8 bis 10 Grad so kühl, dass auch während der warmen Jahreszeit das gebraute Bier problemlos gelagert werden konnte. Das Baudatum des Kellers ist nicht bekannt. Um 1890 wurde er erweitert. Als die Brauerei 1927 Konkurs anmeldete, gerlet der Eiskeller in Vergessenheit und wurde erst 1996 bei Bauarbeiten wiederentdeckt.

Das private Fossilien- und Steinemuseum Zurholt zeigt Funde vom Altenberger Höhenrücken, darunter Belemniten, fossile Kopffüßer, die im Aussehen Tintenfischen ähneln.

*Über den **Knotenpunkt** 4 geht es in Richtung auf den **Knotenpunkt** 5 bis zum Bahnhof, Ihrem Ausgangspunkt.*

E-Bike Ladestationen an oder nahe der Route

Heimathues
Friedhofstraße 9, Altenberge
Hotel Stüer
Laerstraße 6, Altenberge
Hotel Kemper
Altenberger Str. 14, Havixbeck
Hotel Deumer
Bestensee-Platz 2, Havixbeck
Am Brunnen beim Torhaus
Hauptstraße, Havixbeck
Baumberger Sandsteinmuseum
Gennerich 9, Havixbeck
Brauhaus Klute
Poppenbeck 28, Havixbeck
Thumanns Mühle
Temming 34, Billerbeck
Altdeutsche Schänke Smeddinck
Münsterdamm 43, Laer
Parkhotel Nuyken
Bahnhofstraße 121, Nordwalde

Orts-
portrait

HAVIXBECK

Bereits um 790 errichteten die Franken auf Havixbecker Gebiet einen Hof, der zur Verwaltung und Bewirtschaftung diente. Um das Jahr 900 wurde das bis dahin zu Billerbeck gehörende Havixbeck schließlich zur eigenständigen Pfarrei erhoben.

Haus Havixbeck

Das am westlichen Ortsrand gelegene **Wasserschloss Haus Havixbeck** ging aus einem mittelalterlichen Schulzengut hervor. Die ältesten Teile der dreiflügeligen Schlossanlage, darunter der achteckige Treppenturm an der Nordfassade, stammen aus dem Jahr 1562. 1654 wurde der westliche Gebäudeteil angebaut, 1711 der östliche Teil erweitert. Wie andere historische Bauten des Münsterlandes besitzt Haus Havixbeck Dreistaffelgiebel, deren Stufen mit kugelbesetzten, halbkreisförmigen Aufsätzen geschmückt sind.

Die Insel, auf der das Schloss steht, ist von einer breiten Gräfte umgeben. Das Schloss wird von der Familie von Twickel bewohnt und ist für die Öffent-

Orts-portrait

lichkeit nicht zugänglich. Die Außenanlagen können nach vorheriger Anmeldung beim Havixbeck Marketing besichtigt werden.

Der Ortskern wird von der katholischen **Pfarrkirche St. Dionysius** beherrscht. Die hochgotische, dreijochige Hallenkirche wurde aus Baumberger Sandstein errichtet. Ihr Westturm stammt aus dem 12. Jahrhundert, der Turmhelm von 1690. Das Langhaus wurde in der ersten Hälfte des 14. Jahrhunderts erbaut.

Kirche St. Dionysus

Torhaus

Das **gotische Torhaus** wurde ursprünglich zum Schutz des Kirchplatzes errichtet. 1587 und 1591 versuchten während des Achtzigjährigen Krieges zur Befreiung der Niederlande von der spanischen Herrschaft spanische Söldner vergeblich, in den Kirchhof einzudringen. Spuren jener Kämpfe sind heute noch zu erkennen. Später diente es mal als Gefängnis, mal als Schule.

Die **Bronzefigur „Der Steinhauer"** – die regionale Berufsbezeichnung lautet „Steinbicker" – symbolisiert die kultur- und sozialgeschichtliche Bedeutung dieses alten Handwerks in den Baumbergen.

Der Sandstein hat wie kaum ein anderer Baustoff das Münsterland geprägt. Zahlreiche historische Bauwerke, viele Stadthäuser und Bildstöcke wurden aus dem feinkörnigen und weichen Sandstein in den nahegelegenen Baumbergen zwischen Havixbeck, Billerbeck und Nottuln gewonnen. Da er über die Jahrhunderte auch ein perfektes Arbeitsmaterial für Bildhauer war und ist, wird er gerne auch als „Marmor des Münsterlandes" bezeichnet.

Mehr zum Sandstein erfahren Besucherinnen und Besucher im **Baumberger Sandsteinmuseum**. Die Dauerausstellung zeigt die Geschichte sowie Ver- und Bearbeitung des Sandsteins in allen Facetten. Hier werden Geräte, Werkzeuge, typische Sandsteinprodukte und historische Steinskulpturen ausgestellt sowie der Arbeitsalltag der Steinmetze im Mittelalter dokumentiert. Das Museum befindet sich im unter Denkmalschutz stehenden alten Bauernhof Rabert. Im Erdgeschoss ist ein Café mit Gartenterrasse eingerichtet. Kleine Sandsteinarbeiten können im Museumsladen erworben werden.

Nördlich von Havixbeck, etwas abseits der ausgeschilderten Radwege, aber auch per Rad gut erreichbar, steht **Haus Stapel**. Ursprünglich gab es an dieser Stelle eine Turmhügelburg, später eine im 13. Jahrhundert erwähnte Burg, die durch Wassergräben geschützt war. Als Adelssitz dient Haus Stapel vermutlich seit dem 16. Jahrhundert. Die heutigen Gebäude der Vorburg entstanden überwiegend zwischen 1607 und 1608. Die Burganlage muss so gut befestigt gewesen sein, dass historischen Berichten zufolge 1636 während des Dreißigjährigen Krieges 30 Verteidiger einen Angriff hessischer Truppen von sechzig Reitern und fünfhundert Fußsoldaten zurückschlagen konnten.

Haus Stapel

Burg Hülshoff

1719 wurde der das Gebäudeensemble prägende hochbarocke, reich verzierte Torturm errichtet. Das heutige Schloss mit 55 Zimmern wurde erst in den Jahren 1819–1827 gebaut. Die Erbtochter Maria Theresia Reichsfreiin von Kerckerinck zu Stapel heiratete im Jahre 1801 im Alter von 15 Jahren Ernst Konstantin von Droste zu Hülshoff, einen Onkel der **Dichterin Annette von Droste-Hülshoff**. Aus dieser Ehe gingen 22 Kinder hervor, von denen aber nur rund die Hälfte das Erwachsenenalter erreichte. Für diese große Familie wurde das heutige Schloss entsprechend dimensioniert.

Nahe der Stadtgrenze zu Münster steht die bedeutendste Sehenswürdigkeit Havixbecks: **Burg Hülshoff**.

Die Wasserburg wurde bereits im 11. Jahrhundert erstmals urkundlich erwähnt. Die Burg war von 1417 bis 2012 im Besitz der Freiherren Droste zu Hülshoff. Die Dichterin Annette von Droste-Hülshoff wurde 1797 auf Burg Hülshoff geboren und verbrachte hier bis 1826 ihre Kindheit und Jugend.

Drostemuseum in Burg Hülshoff

Burg Hülshoff bildet heute nach verschiedenen Umbauten im Laufe der Jahrhunderte eine geschlossene Renaissanceanlage mit hohen, schmucklosen Dreistaffelgiebeln. Vor allem im 17. und 18. Jahrhundert wurde die Anlage umgebaut und erweitert. Wie oft im Münsterland wurden beim Bau Ziegelmauerwerk mit Baumberger Sandstein für Schmuckelemente verwendet. Die Wasserburg steht auf zwei durch eine Brücke verbundene Inseln.

Das Innere des Herrenhauses wurde zuletzt am Ende des 18. Jahrhunderts neu gestaltet und 1796 wurden neue Innenwände eingezogen. 1868 wurde der Neue Hundeturm errichtet und 1875 die Burgkapelle im neugotischen Stil angebaut.

Das **Drostemuseum** im Innern des Herrenhauses zeigt Zeugnisse aus dem Leben, insbesondere der Kindheit, der Dichterin Annette von Droste-Hülshoff. Auch werden Führungen durch die Innenräume angeboten.

Der **Burgkeller** birgt ein **Restaurant** und im Sommer wird auch im Burghof serviert. Der Besuch der großen Parkanlage ist frei. Im Mai blühen dort beeindruckende Rhododendronbüsche und im Sommer Hortensien.

Tour 16

Länge 56 km

Gartenfront des Rüschhauses in Münster

AUF DEN WEGEN DES WESTFÄLISCHEN FRIEDENS

Eine Rundtour von Münster über Greven und Handorf zurück nach Münster

Die Tour führt über das Rüschhaus und durch das Naturschutzgebiet Emsaue nach Greven. Burgen und Bauernhöfe liegen an der Route, auf der gegen Ende des Dreißigjährigen Krieges die Boten zwischen den Friedensstädten Münster und Osnabrück ritten.

Was erwartet mich?

Eine 56,5 Kilometer lange, ebene Rundtour überwiegend auf asphaltierten Wirtschaftswegen durch die leicht wellige Parklandschaft.

Wie komm' ich hin?

ÖPNV: Hauptbahnhof Münster

Mit dem Auto: A 1 / A 43, Autobahnkreuz Münster-Süd, B 51 bis Hammer Straße, weiter zur Bahnhofstraße.

Was muss ich sehen?

1 Rüschhaus
2 Havichhorster Mühle
3 Haus Dyckburg

Wo tank' ich auf?

Köpi Stuben
Bergstraße 73, Münster
Wirtshaus Zur Post
Altenberger Str. 8, Münster
Restaurant „Zum Vosskotten"
Am Vosskotten 1, Greven
Altdeutsche Schänke
Dorfstraße 18, Greven

Kartentipp: **ADFC-Regionalkarte Münsterland, 1:75.000**

Scan den QR-Code & hol Dir Deine Tour!

Tour 16

TOURSTART

Sie starten in Münster am Hauptbahnhof. Der Bahnhof hat vier Bahnsteige. Aufzüge zu den Bahnsteigen sind vorhanden.

*Vom Bahnhof radeln Sie rechts parallel der Bahnhofstraße, treffen auf das ausgeschilderte **Knotennetz** und kommen links zum **Knotenpunkt** 1.*

Für eine Besichtigung des Stadtzentrums (abseits dieser Route) bietet die Salzstraße (geradeaus) einen guten Ausgangspunkt. Nähere Informationen finden Sie im **Stadtporträt Münster** (s. Seiten 144-151).

*Auf der Promenade nach rechts radeln Sie weiter über die **Knotenpunkte** 62, 45, 28, 15 und 71 zum **Knotenpunkt** 7 am* [1] **Rüschhaus**.

Die Anfänge dieses **Gräftenhofs** sind nicht bekannt. Im 14. Jahrhundert gehörte er dem Bischof von Münster. 1743 wurde er an Johann Conrad Schlaun verkauft, der ihn zwischen 1745 und 1748 nach eigenen Entwürfen neu ausbaute und zeitweise auch selbst bewohnte.

Schlaun gestaltete das Gebäude zur Straße hin mit großem Tor wie einen Bauernhof mit Stallungen und anschließender Gesindeküche und zur Gartenseite als repräsentatives Herrenhaus mit einem Gartensaal, der auch einen Wandaltar als Hauskapelle besaß.

Der Garten von Haus Rüschhaus ist in strengen geometrischen Formen angelegt. Beete und Rasenflächen sind mit Buchsbaum eingefasst. Vor dem Gartenhaus der Droste erinnert eine Büste an die prominente Bewohnerin.

Nach dem Tode von Johann Conrad Schlaun verblieb das Rüschhaus anfangs in seiner Familie. 1825 erwarb es der Eigentümer von Burg Hülshoff, Freiherr Clemens-August II. von Droste zu Hülshoff, der Vater der Dichterin Annette von Droste-Hülshoff. 1826 übernahm sein Sohn Werner-Constantin Burg Hülshoff und siedelte später seine Mutter und die Schwestern Jenny und Annette ins Rüschhaus aus, was ihnen nicht gefiel.

Im Droste-Museum
Im Rüschhaus

Die Dichterin lebte hier von 1838 bis 1846 unterbrochen von Aufenthalten in Schloss Eppishausen und Burg Meersburg am Bodensee. Im Rüschhaus schrieb sie „Die Judenbuche", Teile des Gedichtzyklus „Das geistliche Jahr" sowie Gedichte und Balladen mit Bezug auf das Münsterland.

Sie radeln weiter über die ***Knotenpunkte*** *67, 69 und 68 und nach Überqueren des Max-Clemens-Kanals in Voßkotten zum* ***Knotenpunkt*** *71 am Stadtrand von Greven und weiter zur 70 in Gimbte.*

Dabei passieren Sie südlich von Greven das Gelände der ehemaligen Burg Schöneflieth. Sie war 1232 an einer strategisch günstigen Position am Ufer der Ems südlich von Greven als Raubritterburg errichtet worden. 1276 ließ der Bischof von Münster die Burg erobern und zerstören. 1365 ließ das Domkapitel an dieser Stelle eine Burg als Zwei-Insel-Anlage errichten, die auch der Einnahme von Brückenzoll diente. Als die Burg am Ende des 18. Jahrhunderts verfallen war, ersteigerten

Grevener Kaufleute sie 1812 zum Abriss. 1843 wurden die letzten Steine der Burg verkauft.

Der Radweg ist hier auch als „**Friedensroute**" ausgeschildert.

Die Friedensroute ist ein insgesamt 170 Kilometer langer Radweg zwischen Münster und Osnabrück und erinnert an die Friedensverhandlungen am Ende des Dreißigjährigen Krieges. „Friedensreiter" waren hier als Boten unterwegs, um Nachrichten und Dokumente zwischen den Verhandlungsdelegationen in beiden Städten auszutauschen.

*Weiter geht es zum **Knotenpunkt** 48.*

Dabei überqueren Sie zweimal die Ems und durchradeln das **Naturschutzgebiet der Emsaue**, die wichtigste Naturschutzachse im Münsterland. Auwaldreste, Weidengebüsche, feuchtes und mageres Grünland sowie Altarme und Flutmulden charakterisieren die Vielfalt dieses Gebietes. Auwaldreste sind Lebensraum für Pirol und Nachtigall, in Altarmen, Flutmulden und Senken finden Arten wie Kammmolch, Schwanenblume und Seerose einen Lebensraum. Rohrweihen nutzen Schilfröhrichte als Brutplatz. In Hochstaudenfluren wachsen typische Stromtalpflanzen wie Langblättriger Ehrenpreis und Gelbe Wiesenraute. Das Grünland in der Emsaue wird teilweise extensiv bewirtschaftet. Je nach Relief entwickeln sich Feuchtwiesen mit Kuckucks-Lichtnelke und Breitblättrigem Knabenkraut oder magere Glatthaferwiesen mit Margerite, Acker-Witwenblume und Echtem Labkraut. Auf trockenen Rainen und Böschungen wächst kleinflächig der Heidenelken-Rasen.

*Sie radeln weiter zum **Knotenpunkt** 79, überqueren dabei den Dortmund-Ems-Kanal und passieren die Alte Kanalüberführung.*

Der **Dortmund-Ems-Kanal** verläuft zwischen dem Dortmunder Stadthafen und Papenburg/Ems und wurde 1899 als erster der großen Binnenschifffahrtskanäle eröffnet.

Die Alte Kanalüberführung wurde bereits zwischen 1893 und 1897 als gemauerte Bogenkonstruktion mit insgesamt vier Bogenöffnungen je 12,60 m Breite errichtet. Bereits nach dem Ende des Ersten Welt-

Alte Kanalüberführung über die Ems bei Münster

kriegs war sie den Anforderungen der Zeit nicht mehr gewachsen und wurde 1939 durch eine „Neue Fahrt" ersetzt. Nach dem Zweiten Weltkrieg wurde die „Alte Fahrt" durch einen Damm von der neuen Fahrt abgetrennt, 1990 das Bauwerk, das Sperrtor und das daneben liegende Wärterwohnhaus unter Denkmalschutz gestellt und Mitte der 1990er Jahre das Wasser aus der alten Überführung abgelassen.

Unsere Tour führt nach rechts über den Münsteraner Stadtteil Gelmer und Sie folgen den Schildern der Friedensroute zum ***Knotenpunkt 27****.*

Dabei passieren Sie die **Wallburg Haskenau**. Von der einstmals stolzen Anlage sind heute nur noch Bodenformationen erhalten. Seit 1987 steht Haskenau als Bodendenkmal unter Schutz. Die ehemalige Turmhügelburg, auch als Motte bezeichnet, bestand vermutlich bereits seit fränkischer Zeit, wie Scherbenfunde belegen. Im 12. Jahrhundert entstand auf einem Turmhügel mit einem Durchmesser von 30 Metern und einer Höhe von 5 bis 6 Metern eine massive Holzburg. Die Gesamtfläche der mit Gräben und Wällen befestigten Anlage betrug ca. 2,5 Hektar.

Knapp zwei Kilometer weiter lohnt die **2 Havichhorster Mühle** Ihre Aufmerksamkeit. Die heutige Mühlenanlage entstand im 19. und 20. Jahrhundert und enthält Turbinen. 1988 stiegen die Stadtwerke Münster hier in erneuerbare Energien ein. Das kleine Wasserkraftwerk liefert jährlich elektrische Energie von rund 240.000 kWh.

Reisemobilstellplätze an oder nahe der Route

Wohnmobilstellplatz am Ostbad
Mauritz-Lindenweg 101, Münster

Wohnmobilstellplätze auf dem Schlossplatz
Münster

Wohnmobilstellplatz am Busbahnhof
Hinter der Lake, Greven

Wohnmobilstellplatz Camp Marina Alte Fahrt Fuestrup
Fuestruper Straße 37, Greven

1,3 Kilometer weiter passieren sie **Haus Havichhorst**. Die Geschichte des Hauses geht bis ins Jahr 1318 zurück, als die Mühle erstmals erwähnt wurde. Gut und Mühle gehörten bis 1831 zum bischöflichen Besitz. Das heutige Gutshaus stammt aus dem Jahr 1841. Später kamen weitere Gebäude hinzu. Das Gut bietet sich heute als Ort für Tagungen, Feste und Events an.

Am **Knotenpunkt 27** erreichen Sie **3 Haus Dyckburg**. Mehrfach in der Geschichte spielte Haus Dyckburg bei militärischen Auseinandersetzungen um die Stadt Münster eine Rolle, so bei der Belagerung des Täuferreiches 1535, bei der Belagerung durch Fürstbischof Christoph Bernhard von Galen 1657 sowie im Siebenjährigen Krieg von 1756 bis 1763. Heute existieren vom historischen Baubestand nur noch die Wohn- und Wirtschaftsbauten der Vorburg sowie die Marienkapelle, die Johann Conrad Schlaun 1735 bis 1740 als Archi-

Haus Dyckburg mit sehenswerter Kirche

tekt für den Domprobst Friedrich Christian von Plettenberg erbauen ließ. 1894 wurde die Kapelle erweitert. Eine Außenbesichtigung ist möglich. Zu Gottesdiensten kann auch die Kapelle betreten werden.

*Weiter auf der Friedensroute radeln Sie zum **Knotenpunkt** 38 am Dortmund-Ems-Kanal.*

Dabei streifen Sie im Stadtteilteil Handorf das Flüsschen Werse. Dieses Gebiet war um die Wende vom 19. zum 20. Jahrhundert ein beliebtes Ausflugsziel der Münsteraner. Handorf trug damals den Beinamen „Dorf der großen Kaffeekannen".

*Links entlang des Dortmund-Ems-Kanals führt unsere Route vom **Knotenpunkt** 38 über die 2 zur 22. Die Route rechts in die Innenstadt führt Sie zum Hauptbahnhof, Ihrem Ausgangspunkt.*

E-Bike Ladestationen an oder nahe der Route

E-Bike Ladestation Radlager
Stubengasse 22, Münster
Restaurant „Zum Vosskotten"
Am Vosskotten 1, Greven
Yachthafen Fuestrup
Fuestruper Str. 37, Greven
Hof Lütke Laxen
Gittruper Str. 37, 48157 Münster-Gittrup

Orts-
portrait

MÜNSTER

Münster ist eine historisch bedeutsame Stadt und seit einigen Jahrzehnten eine besonders fahrradfreundliche Stadt. Nach Angaben der Stadtverwaltung besitzen die etwas mehr als 300.000 Einwohner rund 500.000 Fahrräder. Die ehemalige Wallanlage, die die Altstadt umgibt, wurde bereits 1770 als Promenade angelegt, nachdem sich die militärischen Befestigungen nach dem Dreißigjährigen Krieg als untauglich erwiesen hatten. Heute ist die Promenade nur für Radfahrer und Fußgänger freigegeben und ein wichtiger Ring, um Ziele in der Innenstadt schnell und sicher zu erreichen.

Wohl seit dem 6. Jahrhundert gab es eine kleine sächsische Siedlung **Mimigernaford** im heutigen Zentrum um den Domplatz. 793 gründete hier der friesische Missionar Liudger ein Kloster (lateinisch: monasterium), von dem die Stadt ihren Namen ableitet. 799 gründete Papst Leo III. in Absprache mit Karl dem Großen das Bistum Münster und 805 wurde Liudger zum ersten Bischof von Münster geweiht. Danach wurde mit dem Bau des Domes begonnen.

Der heutige **St.-Paulus-Dom** wurde von 1225 bis 1264 errichtet. Dabei wurden Teile des Vorgängerbaus verwendet, so dass sich Stilelemente der Romanik mit

Prinzipalmarkt

denen der Gotik verbinden. Von der Inneneinrichtung wurden 1534 beim Bildersturm der Täuferbewegung zahlreiche Bilder und Figuren zerstört und auch eine erste Astronomische Uhr. Im südlichen Chorumgang findet sich die **Astronomische Uhr**, die von 1540 bis 1542 gefertigt wurde, eine der bedeutendsten Monumentaluhren des deutschsprachigen Raums. Die Uhr in Münster ist eine der wenigen Großuhren, die sich entgegen dem Uhrzeigersinn drehen. Im Dom befindet sich auch die Grabstätte des ehemaligen Bischofs von Münster, Clemens August Graf von Galen, der 2005 seliggesprochen wurde.

St. Paulus-Dom

Zwinger

Als Münster 1170 das Stadtrecht erhielt, wurde die Stadt befestigt. Die Stadtmauer war etwa vier Kilometer lang und wurde in der Mitte des 14. Jahrhunderts durch weitere Befestigungsanlagen verstärkt. Von Mauern und Toren ist nichts mehr zu sehen. Lediglich der **Zwinger**, ein Rondell mit einem Durchmesser von knapp 25 Metern, blieb erhalten. Nach seinem Sieg über die Herrschaft der Täufer 1534/1535 ließ Fürstbischof Franz von Waldeck das Bauwerk zu einer Zwingburg zur Niederschlagung eventueller Revolten umgestalten. Im 17. Jahrhundert wurde es zuerst als Mühle

Käfige an der Lambertikirche

und nach 1731 als Zuchthaus genutzt. Ab 1944 diente er als Gestapo-Gefängnis, in dem auch sowjetische Zwangsarbeiter und Kriegsgefangene ermordet wurden.

Im 14. und 15. Jahrhundert war Münster Mitglied der Hanse. Aus dieser wirtschaftlichen Blütezeit stammen die prächtigen Kaufmannshäuser am **Prinzipalmarkt**. Sie wurden zwar größtenteils im Zweiten Weltkrieg zerstört, danach aber, wenn auch vereinfacht, wiederaufgebaut.

1534 wurde im Zuge der Reformation in Münster ein Täuferreich gegründet und im September 1534 ein Königreich Zion mit dem Anführer der Täufer Jan van Leiden als König ausgerufen. Am 24. Juni 1535 nahmen die Truppen des Bischofs Franz von Waldeck die zuvor belagerte Stadt ein. Am 22. Januar 1536 wurden vor der **Lambertikirche** nördlich des Prinzipalmarkts die letzten drei Führer des Täuferreichs von Münster, Jan van Leiden, Bernd Krechting und Bernd Knipperdolling öffentlich gefoltert und hingerichtet. Ihre Leichen wurden anschließend zur Abschreckung am Turm der Kirche in drei eisernen Körben aufgehängt. Noch heute hängen die zwischenzeitlich restaurierten Originale der **Körbe** von weitem sichtbar dort.

Die **Lambertikirche** war von den Münsteraner Kaufleuten 1375 und 1525 als „Gegenkirche" zum bischöflichen Dom aus Baumberger Sandstein errichtet worden. Sie gilt als ein Höhepunkt in der Entwicklung der westfälischen Hallenkirche der Spätgotik. Von 1929 bis 1933 war Clemens August Graf von Galen, der spätere Bischof von Münster, hier Gemeindepfarrer. Als Bischof hielt er 1941 in der Lambertikirche zwei seiner drei Predigten gegen die Aktion T4 des Naziregimes zur Ermordung Behinderter.

Auch die **Überwasserkirche** westlich des Doms zeigt noch heute Folgen der Kämpfe um das Täuferreich. Damals hatten die Täufer den Turmhelm abgerissen und auf der Plattform des Turms Kanonen in Stellung gebracht. Der Turmhelm wurde später wieder aufgebaut, stürzte jedoch nach einem Orkan 1704 wieder ein. Seither blieb der Turm unbehelmt. Die eigentliche Liebfrauenkirche erhielt die Bezeichnung „Überwasserkirche", weil sie vom Dom gesehen auf der gegenüberliegenden Seite des Flüsschens Aa liegt. Eine erste Kirche wurde hier bereits 1040 geweiht, die jedoch schon 1071 abbrannte. Die heutige Kirche wurde ab 1340 errichtet.

Historisches Rathaus

Kirchen prägen bis heute das Stadtbild von Münster. Als Fabio Chigi – der spätere Papst Alexander VII. – sich als päpstlicher Gesandter während der Verhandlungen zum Westfälischen Frieden in Münster aufhielt, schrieb er: „Bis in die Wolken erheben sich die spitzen Türme, von denen, für alle hörbar, melodisches Glockengeläut klingt."

1648 wurde nach fünfjährigen Verhandlungen in Münster und Osnabrück schließlich der **Westfälische Friede** geschlossen, mit dem der Dreißigjährige Krieg und der Achtzigjährige Krieg der Niederländer zur Befreiung von der spanischen Herrschaft beendet wurden.

Der Ratssaal des **Historischen Rathauses** wird seit dem 18. Jahrhundert als **Friedenssaal** bezeichnet, obwohl der Westfälische Friede jedoch weder im Rathaus verhandelt noch ratifiziert wurde. Allerdings wurde hier am 15. Mai 1648 der Friede von Münster mit dem Austausch der unterzeichneten Verträge verkün-

det. In diesem schlossen Spanien und die sieben niederländischen Provinzen nach dem Achtzigjährigen Krieg Frieden und die Niederlande erhielten ihre Unabhängigkeit. Das Historische Rathaus am Prinzipalmarkt beeindruckt mit seinem eindrucksvollen, reich verzierten gotischen Giebel aus Baumberger Sandstein, der mit seiner Höhe von 31 Metern das Dach des Rathauses weit überragt.

Bild oben:
Schloss Münster

Bild unten:
Friedenssaal im historischen Rathaus

Nicht wenige der historischen Gebäude in Münster stammen von **Johann Conrad Schlaun** (1695-1773). Der Architekt war der bedeutendste Baumeister des Westfälischen Barocks und seine Bauwerke finden sich weit verteilt im gesamten Münsterland.

In Münster errichtete Schlaun zwischen 1767 und 1787 das barocke **Residenzschloss** für Fürstbischof Maximilian Friedrich von Königsegg-Rothenfels. Schlaun setzte rote Backsteinziegel für die Flächen und hellen Baumberger Sandstein für Simse, Pilaster und dekorative Elemente ein. Im Zweiten Weltkrieg wurde das Schloss stark zerstört. Erhalten blieb nur die ehe-

Bild oben:
Erbdrostenhof

Bild unten:
Krameramtshaus

malige **Schlosskapelle** im Südflügel des Schlosses, die heute zwei übereinander liegende Hörsäle der **Westfälischen Wilhelms-Universität** beherbergt. Das Schloss ist seit 1954 Hauptsitz der Universität.

Als architektonisches Meisterwerk Schlauns gilt der dreiflügelige **Erbdrostenhof**, der von 1753 bis 1757 nach seinen Plänen als hochrepräsentatives barockes Adelspalais für den münsterschen Erbdrosten Adolf Heidenreich Freiherr Droste zu Vischering erbaut wurde.

Auch die **Clemenskirche** unweit des Erbdrostenhofes wurde in den Jahren von 1745 bis 1753, nach Plänen von Schlaun als Kloster- und Hospitalkirche erbaut. Schlaun griff dabei auf Vorbilder des römischen Barock zurück und orientierte sich an der Kirche San Carlo alle Quattro Fontane.

In der Königsstraße steht der **„Heereman'sche Hof"**. Der Adelshof mit rückwärtigem Steinwerk von 1549 und Werksteinfassade am Vorderhaus von 1564 ist eines der bedeutendsten Bauwerke der Renaissance in Münster.

Im 1589 errichteten **„Krameramtshaus"**, einem der ältesten Gildehäuser der Stadt nördlich der Lambertikirche, waren während der Verhandlungen zum Westfälischen Frieden 1648 die Gesandten der Niederländischen Generalstaaten einquartiert. Seit 1995 wird es als „Haus der Niederlande" genutzt.

Weit außerhalb des Stadtzentrums an der Grenze zum westlichen Nachbarort Havixbeck liegt **Haus Rüschhaus**. Die Anfänge dieses Gräftenhofs sind nicht bekannt. Im 14. Jahrhundert gehörte er dem Bischof von Münster. 1743 wurde er an den Baumeister Johann

Conrad Schlaun verkauft, der ihn zwischen 1745 und 1748 nach eigenen Entwürfen neu ausbaute und zeitweise auch selbst bewohnte. Schlaun gestaltete das Gebäude zur Straße hin mit großem Tor wie einen Bauernhof mit Stallungen und anschließender Gesindeküche und zur Gartenseite als repräsentatives Herrenhaus mit einem Gartensaal, der auch einen Wandaltar als Hauskapelle besaß. Der Garten von Haus Rüschhaus ist in strengen geometrischen Formen angelegt. Beete und Rasenflächen sind mit Buchsbaum eingefasst.

Nach dem Tode von Johann Conrad Schlaun verblieb es anfangs in seiner Familie. 1825 erwarb es der Eigentümer von Burg Hülshoff, Freiherr Clemens-August II. von Droste zu Hülshoff, der Vater der Dichterin Annette von Droste-Hülshoff. 1826 übernahm sein Sohn Werner-Constantin Burg Hülshoff und siedelte später seine Mutter und die Schwestern Jenny und Annette ins Rüschhaus aus, was ihnen nicht gefiel. Die Dichterin lebte hier von 1838 bis 1846 unterbrochen von Aufenthalten in Schloss Eppishausen und Burg Meersburg am Bodensee. Im Rüschhaus schrieb sie „Die Judenbuche", Teile des Gedichtzyklus „Das geistliche Jahr" sowie Gedichte und Balladen mit Bezug auf das Münsterland.

Während des Zweiten Weltkriegs gehörte Münster zu den am stärksten zerstörten Städten Deutschlands. Etwa 91 Prozent der Altstadt wurden durch britische Bombenangriffe zerstört. Beim Wiederaufbau in den 1950er Jahren wurde anders als in anderen Städten darauf geachtet, zumindest in der Altstadt den mittelalterlichen Stadtgrundriss weitgehend zu erhalten und das ursprüngliche Erscheinungsbild möglichst wiederherzustellen.

Münster zählt heute zu den zehn größten **Universitätsstädten** Deutschlands. Die Zahl von 66.000 Studenten auf 315.000 Einwohner entspricht einem Anteil von mehr als 20 Prozent. Münster verfügt daher auch über ein reiches Kulturleben und eine studentisch geprägte Kneipenkultur.

Eine besondere Geschichte hat die **Kulturkneipe „Frauenstraße 24"** zwischen Überwasserkirche und Schloss. Der schmucke Jugendstilbau mit aufwändiger Fassadengestaltung wurde durch eine von 1973 bis 1981 andauernde studentische Hausbesetzung vor dem Abriss durch einen Makler gerettet, der auf dem Grundstück Eigentumswohnungen bauen lassen wollte.

Kulturkneipe „Frauenstraße 24"

Tour 17 Länge 50 km

Im Museum in Burg Hülshoff

AUF DEN SPUREN DER DICHTERIN

Eine Rundtour von Münster über Havixbeck und Roxel zurück nach Münster

Die Tour führt zu den markantesten Sehenswürdigkeiten der besonders fahrradfreundlichen Stadt Münster und zum Geburtshaus und zum späteren Wohnhaus der Dichterin Annette von Droste-Hülshoff.

Was erwartet mich?

Eine 50 Kilometer lange landschaftlich abwechslungsreiche Tour überwiegend eben auf asphaltierten und naturbelassenen Wirtschaftswegen sowie sicher und abseits des großen Straßenverkehrs durch Münster.

Wie komm' ich hin?

ÖPNV: Hauptbahnhof Münster

Mit dem Auto: A 1 oder A 43, von den jeweiligen Ausfahrten in Richtung Zentrum und zur Bahnhofstraße.

Was muss ich sehen?

1. **Prinzipalmarkt und Historisches Rathaus** Münster
2. **Dom**
3. **Rüschhaus**
4. **Burg Hülshoff**

Wo tank' ich auf?

Pinkulus Münster
Rosenpl. 6, Münster

Biergarten.ms
Kastellstraße 1, Münster

Café-Restaurant Droste 1797
Burg Hülshoff, Havixbeck

Sandstein
Blickallee 52, Havixbeck

Kartentipp: **ADFC-Regionalkarte Münsterland,** 1:75.000

Scan den QR-Code & hol Dir Deine Tour!

Tour 17

TOURSTART

Sie starten in Münster am Hauptbahnhof. Der Bahnhof hat vier Bahnsteige. Aufzüge zu den Bahnsteigen sind vorhanden.

Sie radeln vom Bahnhof rechts parallel der Bahnhofstraße, treffen auf das ausgeschilderte ***Knotennetz*** *und kommen links zum* ***Knotenpunkt*** *1. Geradeaus gelangen Sie in die Fußgängerzone der Salzstraße. Hier das Rad zu schieben, empfiehlt sich mit Rücksicht auf die Passanten, aber auch, um den Blick auf die Sehenswürdigkeiten zu richten.*

Stadtmuseum Münster

Gleich an der Ecke lädt im ehemaligen Kaufhaus Althoff das **Stadtmuseum Münster** zur Besichtigung ein. In 33 Kabinetten auf einer Fläche von 2.500 Quadratmetern auf zwei Etagen wird die Stadtgeschichte von den Anfängen bis zur Neuzeit anschaulich dargestellt.

Etwas weiter auf der linken Seite steht der dreiflügelige **Erbdrostenhof**. Er wurde von 1753 bis 1757 nach Plänen vom Münsteraner Baumeister Johann Conrad Schlaun als hoch repräsentatives barockes Adelspalais für den münsterschen Erbdrosten Adolf Heidenreich Freiherr Droste zu Vischering erbaut und gilt als Schlauns Meisterwerk.

Wenn Sie hinter dem Erbdrostenhof nach links in die Ringoldsgasse einbiegen, gelangen Sie nach wenigen Metern zur **Clemenskirche**. Diese wurde in den Jahren von 1745 bis 1753, ebenfalls nach Plänen von Johann Conrad Schlaun, als Kloster- und Hospitalkirche erbaut. Schlaun griff dabei auf Vorbilder des römischen Barock zurück und orientierte sich an der Kirche San Carlo alle Quattro Fontane. Wie beim Erbdrostenhof kam auch hier der helle Baumberger Sandstein zum Einsatz. Während des Zweiten Weltkrieges wurde die Clemenskirche bis auf die Umfassungsmauern zerstört und in den 1950er Jahren wiederaufgebaut.

Zurück zur Salzstraße entdecken Sie wenig später auf der rechten Seite die **Dominikanerkirche**. Sie wurde zwischen 1708 und 1725 nach Entwürfen des Architekten Lambert Friedrich Corfey als Teil einer Klosteranlage errichtet. Nachdem das Kloster 1811 aufgehoben war, wurde die Kirche ab 1826 von den Preußen für militärische Zwecke genutzt und ab 1889 von der Stadt Münster als Schulkirche. Das Epitaph für den Architekten Lambert Friedrich Corfey im Kircheninnern wurde nach einem Entwurf von Johann Conrad Schlaun gefertigt.

Am Ende der Salzstraße stoßen Sie auf den 1 **Prinzipalmarkt**. Beiderseits der Straße reihen sich hohe Giebelhäuser aus Baumberger Sandstein, bei denen kein Giebel dem anderen gleicht. Durch das Erdgeschoss der Häuser zieht sich der den Prinzipalmarkt prägende Bogengang.

Nördlich prägt der Turm der **Lambertikirche** den Abschluss des Prinzipalmarktes. Die Kirche ließen die Kaufleute der Stadt zwischen 1375 und 1525 als „Gegenkirche" zum bischöflichen Dom aus Baumberger

Bild oben:
Der Erbdrostenhof in der Salzstraße

Bild unten:
Der Festsaal im Erbdrostenhof

Historisches Rathaus

Sandstein errichten. Sie gilt als ein Höhepunkt in der Entwicklung der westfälischen Hallenkirche der Spätgotik.

Am 22. Januar 1536 wurden vor der **Lambertikirche** die letzten drei Führer des Täuferreichs von Münster, Jan van Leiden, Bernd Krechting und Bernd Knipperdolling öffentlich gefoltert und hingerichtet. Ihre Leichen wurden anschließend zur Abschreckung am Turm der Kirche in drei eisernen Körben aufgehängt. Noch heute hängen die zwischenzeitlich restaurierten Originale der Körbe von weitem sichtbar dort.

Von 1929 bis 1933 war Clemens August Graf von Galen, der spätere Bischof von Münster, hier Gemeindepfarrer. Als Bischof hielt er 1941 in der Lambertikirche zwei seiner drei Predigten gegen die Aktion T4 des Naziregimes zur Ermordung Behinderter.

Sie wenden sich nach links zum **Stadtweinhaus**, das 1615/16 als Lagerhaus für den Wein der Stadt errichtet wurde. Heute ist im Erdgeschoss ein Weinlokal untergebracht. Direkt daneben erhebt sich das Historische Rathaus mit seinem eindrucksvollen, reich verzierten gotischen Giebel aus Baumberger Sandstein, der mit seiner Höhe von 31 Metern das Dach des Rathauses weit überragt.

Berühmt wurde das **1 Rathaus** ebenso wie das in Osnabrück durch den Westfälischen Frieden, der 1648 den Dreißigjährigen Krieg in Europa beendete. Der Ratssaal wird seit dem 18. Jahrhundert als Friedenssaal bezeichnet, obwohl der Westfälische Friede weder im Rathaus verhandelt noch ratifiziert wurde. Allerdings wurde hier am 15. Mai 1648 der Friede von Münster mit dem Austausch der unterzeichneten Verträge verkündet. In diesem schlossen Spanien und die sieben niederländischen Provinzen nach dem Achtzigjährigen Krieg Frieden und die Niederlande erhielten ihre Unabhängigkeit.

Sie lenken schräg gegenüber dem Rathaus in die schmale Straße Michaelisplatz und erreichen den Domplatz.

Der 109 Meter lange **2 St.-Paulus-Dom** wurde von 1225 bis 1264 errichtet. Für den Bau wurden Teile des Vorgängerbaus verwendet, so dass sich Stilelemente der Romanik mit denen der Gotik verbinden. Von der Inneneinrichtung wurden 1534 beim Bildersturm der Täuferbewegung zahlreiche Bilder und Figuren zerstört und ebenso eine erste Astronomische Uhr.

Im südlichen Chorumgang findet sich die **Astronomische Uhr**, die von 1540 bis 1542 gefertigt wurde, eine der bedeutendsten Monumentaluhren des deutschsprachigen Raums, die Gemeinsamkeiten mit denen in Danzig, Rostock, Stralsund und Stendal aufweist. Die Uhr in Münster ist eine der wenigen Großuhren, die sich entgegen dem Uhrzeigersinn drehen.

Im Dom befindet sich auch die Grabstätte des ehemaligen Bischofs von Münster, Clemens August Graf von Galen, der 2005 seliggesprochen wurde.

Der Dom wurde im Zweiten Weltkrieg stark zerstört. Beim Wiederaufbau in den 1950er Jahren wurde das Westportal des Doms nicht wiedererrichtet und durch eine schlichte Sandsteinwand ersetzt.

Sie halten sich am Dom halb rechts, vorbei am Bischofspalais, und gelangen durch die schmale Spiegelgasse zur Überwasserkirche.

Die **Liebfrauenkirche** ist in Münster besser bekannt als **Überwasserkirche**. Diese Bezeichnung erhielt sie, da sie westlich des Doms auf der gegenüberliegenden Seite des Flüsschens Aa liegt. Eine erste Kirche wurde hier bereits 1040 geweiht, die jedoch schon 1071 abbrannte. Die heutige Kirche wurde ab 1340 errichtet. Während der Täuferherrschaft wurde der Turmhelm abgerissen und auf der Plattform des Turms wurden Kanonen in Stellung gebracht. Der Turmhelm wurde später wieder aufgebaut, stürzte jedoch nach einem Orkan 1704 wieder ein. Seither blieb der Turm unbehelmt.

Gegenüber dem Westportal an der Ecke zur Frauenstraße entdecken Sie das **Antiquariat Solder**, das in der ZDF-Krimiserie „Wilsberg" eine zentrale Rolle spielt. Durch die Frauenstraße geht es weiter zum Schloss.

Schloss Münster

Linker Hand erkennen Sie einen für Münster seltenen, schmucken Jugendstilbau mit aufwändiger Fassadengestaltung, in dem heute eine Kneipe mit renommiertem Kulturprogramm untergebracht ist. Die **„Frauenstraße 24"** wurde durch eine von 1973 bis 1981 andauernde studentische Hausbesetzung vor dem Abriss durch einen Makler gerettet, der auf dem Grundstück Eigentumswohnungen bauen lassen wollte.

*Die Frauenstraße mündet auf den **Schlossplatz**.*

Das **Schloss** ließ Fürstbischof Maximilian Friedrich von Königsegg-Rothenfels zwischen 1767 bis 1787 als barockes Residenzschloss vom Architekten Johann Conrad Schlaun errichten. Dieser setzte roten Backstein für die Flächen und hellen Baumberger Sandstein für Simse, Pilaster und dekorative Elemente ein. Im Zweiten Weltkrieg wurde das Schloss stark zerstört. Erhalten blieb nur die ehemalige Schlosskapelle im Südflügel des Schlosses, die heute zwei übereinander liegende Hörsäle der Westfälischen Wilhelms-Universität beherbergt. Das Schloss ist seit 1954 Hauptsitz der Universität.

*Vor dem Schloss lenken Sie nach rechts auf die Promenade und zum **Knotenpunkt** 28.*

Im Garten des Rüschhauses

Ab dem frühen 13. Jahrhundert verlief hier der Befestigungsring um die Stadt, der immer wieder den jeweils neuesten Entwicklungen der Militärtechnik angepasst wurde. Im Siebenjährigen Krieg (1756 bis 1763), in dem Münster mehrfach von unterschiedlichen Truppen der jeweiligen Kriegsgegner erobert wurde, erwies sich diese Form der Befestigung als nicht mehr kriegstauglich. Johann Conrad Schlaun entwarf daraufhin Pläne für eine Lindenallee, die die Innenstadt komplett umschließt und ab 1770 wurden die Befestigungsanlagen abgerissen. Heute befindet sich in der Mitte der Promenade eine breite Fahrspur, ausschließlich als Radweg ausgewiesen.

Sie radeln weiter über die ***Knotenpunkte* 28**, **15** *und* **71** *zum* ***Knotenpunkt* 7** *am* **3 Haus Rüschhaus**.

Die Anfänge dieses **Gräftenhofs** sind nicht bekannt. Im 14. Jahrhundert gehörte er dem Bischof von Münster. 1743 wurde er an Johann Conrad Schlaun verkauft, der ihn zwischen 1745 und 1748 nach eigenen Entwürfen neu ausbaute und zeitweise auch selbst bewohnte.

Schlaun gestaltete das Gebäude zur Straße hin mit großem Tor wie einen Bauernhof mit Stallungen und anschließender Gesindeküche und zur Gartenseite als repräsentatives Herrenhaus mit einem Gartensaal, der auch einen Wandaltar als Hauskapelle besaß.

Der **Garten von Haus Rüschhaus** ist in strengen geometrischen Formen angelegt. Beete und Rasenflächen sind mit Buchsbaum eingefasst. Vor dem Gartenhaus der Droste erinnert eine Büste an die prominente Bewohnerin.

Nach dem Tode von Johann Conrad Schlaun verblieb das Rüschhaus anfangs in seiner Familie. 1825 erwarb es der Eigentümer von Burg Hülshoff, Freiherr Clemens-August II. von Droste zu Hülshoff, der Vater der Dichterin Annette von Droste-Hülshoff. 1826 übernahm sein Sohn Werner-Constantin Burg Hülshoff und siedelte später seine Mutter und die Schwestern Jenny und Annette ins Rüschhaus aus, was ihnen nicht gefiel.

Die Dichterin lebte hier von 1838 bis 1846 unterbrochen von Aufenthalten in Schloss Eppishausen und Burg Meersburg am Bodensee. Im Rüschhaus schrieb sie „Die Judenbuche", Teile des Gedichtzyklus „Das geistliche Jahr" sowie Gedichte und Balladen mit Bezug auf das Münsterland.

*Vom Rüschhaus geht es links weiter zum **Knotenpunkt** 43.*

Dabei passieren Sie **Haus Vögeding**. 1353 wurde Haus Vögeding erstmals urkundlich erwähnt. 1827 erwarb die Familie von Droste-Hülshoff das Herrenhaus und verpachtete es. Aufgrund der Lage zwischen Burg Hülshoff und dem Rüschhaus kehrte Annette von Droste-Hülshoff bei Spaziergängen mit Levin Schücking hier ein.

Ursprünglich bestand Haus Vögeding aus mehreren Inseln, die in einem großen Hausteich lagen. Von der ehemals viertürmigen Vorburg blieb das Brauhaus mit einem Turm erhalten. Der Nordwestteil mit dem runden Eckturm wurde Ende des 16. Jahrhunderts errichtet. Von der Gräfte, die die Burg umfloss, sind Teile erhalten geblieben. Haus Vögeding ist privat bewohnt und nicht zu besichtigen. Vom Radweg bietet sich jedoch ein schöner Blick auf die Anlage.

*Sie fahren weiter zum **Knotenpunkt** 44.*

4 **Burg Hülshoff** wurde bereits im 11. Jahrhundert urkundlich erwähnt. Die für das Münsterland typische Wasserburg steht auf zwei Inseln, die durch eine Brücke verbunden sind. Im 17. und 18. Jahrhundert wurde die Anlage in Formen des Barock erneuert, umgebaut und erweitert. Dabei wurde Baumberger Sandstein zusammen mit Ziegelmauerwerk verwendet.

Die Dichterin Annette von Droste-Hülshoff wurde 1797 auf Burg Hülshoff geboren und verbrachte hier bis 1826 ihre Kindheit und Jugend. Das Droste-Museum zeigt einige Innenräume. Ein Burgrestaurant lädt zur Stärkung und zum Verweilen ein. Die große Parkanlage lockt im Mai mit einer Vielzahl blühender Rhododend-

ren und im Sommer mit prächtigen Hortensien.

Burg Hülshoff wurde 2012 von ihrer letzten Eigentümerin, Jutta Freifrau von Droste zu Hülshoff, in die Annette von Droste zu Hülshoff-Stiftung eingebracht.

*Über den **Knotenpunkt** 66 gelangen Sie zur 46 im Zentrum von Havixbeck.*

Die Sehenswürdigkeiten dieses Ortes finden Sie ausführlich beschrieben im **Ortsporträt Havixbeck** (s. Seiten 130-135).

*Beim **Knotenpunkt** 47 fahren Sie nach rechts zum **Punkt** 48 in Tilbeck.*

Das **Stift Tilbeck** wurde 1881 von der Lehrerin Gertrud Teigelkemper als private Heilanstalt für epileptische Kinder gegründet. Ab 1884 wurden auch Erwachsene aus der Anstalt Bethel aufgenommen. Im Februar 1891 übertrug die Gründerin das Stift dem Bischöflichen Stuhl zu Münster. Der neugotische Bau der Kapelle Maria Hilf wurde von 1897 bis 1899 errichtet.

In der Nazizeit wurden in der damaligen „Heilanstalt Stift Tilbeck" Sterilisationen auf der Grundlage des NS-Erbgesundheitsgesetzes vorgenommen, ohne Einwilligung der Betroffenen oder von Sorgeberechtigten. Heute leben im Stift Tilbeck Menschen mit Behinderung in verschiedenen Wohnformen.

Für Radwanderer bietet Stift Tilbeck ein Café für eine Verschnaufpause. In einem kleinen Zoo sind Ziegen, Gänse, Enten und weitere Vögel zu besichtigen.

*Unsere Tour führt nun zum **Knotenpunkt** 89 in Bösensell.*

Die **Pfarrkirche St. Johannes Baptist** wurde 1917 errichtet. Ihr Kirchturm aus Baumberger Sandstein ist wesentlich älter. Ihr Chorgestühl stammt aus dem Jahr 1525.

*Sie radeln weiter über die **Knotenpunkte** 87, 4 und 56, am Aasee vorbei zum **Knotenpunkt** 74 in Münster.*

Reisemobilstellplätze an oder nahe der Route

Wohnmobilstellplatz am Freibad in Havixbeck
Kardinal-von-Hartmann-Straße, Havixbeck

Wohnmobilstellplatz am Brauhaus Klute in Havixbeck
Poppenbeck 28, Havixbeck

Wohnmobilstellplätze auf dem Schlossplatz
Münster

Wohnmobilstellplatz am Ostbad in Münster
Mauritz-Lindenweg 101, Münster

E-Bike Ladestationen an oder nahe der Route

E-Bike Ladestation Radlager
Stubengasse 22, Münster

Hotel Kemper
Altenberger Str. 14, Havixbeck

Hotel Beumer
Bestensee-Platz 2, Havixbeck

Am Brunnen beim Torhaus
Hauptstraße, Havixbeck

Baumberger Sandsteinmuseum
Gennerich 9, Havixbeck

Restaurant Haus Füsting
Masbeck 30, Havixbeck

Café am Turm
Stift Tilbeck, Tilbeck 2, Havixbeck

Burg Hülshoff

Der 40 Hektar große und 2,3 Kilometer lange See staut das Wasser der Münsterschen Aa. Die Umgebung des Sees bietet zahlreichen Vogelarten Lebensraum. Das Seeufer säumen zahlreiche Skulpturen.

Am gegenüberliegenden Seeufer lädt das **Mühlenhof-Freilichtmuseum** zur Besichtigung ein. Das Museumsdorf zeigt in mehr als 30 Gebäuden das Leben in Westfalen vom 17. bis ins 19. Jahrhundert. Die historischen Bauwerke wurden von ihren originalen Standplätzen in das Freilichtmuseum umgesetzt. So stammt die Bockwindmühle aus dem Jahre 1748 ursprünglich aus dem Emsland.

In unmittelbarer Nähe beherbergt der **Allwetterzoo** auf rund 30 Hektar circa 300 verschiedene Tierarten, darunter Menschenaffen, Löwen, Bären und Elefanten.

*Der Tourabschluss führt über den **Knotenpunkt** 1 und zwei Mal rechts Abbiegen zum Hauptbahnhof, Ihrem Ausgangspunkt, wieder zurück.*

Wallfahrtskapelle in Telgte

Tour 18

Länge 58 km

AUF WALLFAHRTS-ROUTEN DES MÜNSTERLANDS

Rundtour von Telgte über Ost-bevern, Sassenberg und Warendorf zurück nach Telgte

Die Tour führt vom bekannten Wallfahrtsort Telgte in die nordöstlich gelegenen Nachbarorte, durch die im Sommer Pilgerströme ziehen. Schloss Loburg, Kloster Vinnenberg und kleine Museen bieten einen willkommenen Anlass für eine Rast.

Was erwartet mich?

Eine 58,5 km lange, ebene Tour überwiegend auf asphaltierten oder naturbelassenen Wirtschaftswegen durch die Naturschutzgebiete zwischen Telgte und Warendorf zu bedeutenden Wallfahrtsorten.

Wie komm' ich hin?

ÖPNV: Bahnhof Telgte

Mit dem Auto: A 1 / A 43, Autobahnkreuz Münster-Süd, B 51, in Telgte: Bahnhofstraße

Was muss ich sehen?

1. **Wallfahrtskapelle und Museum RELiGIO** in Telgte
2. **Schloss Loburg**
3. **Kloster Vinnenberg**
4. **Stadtkern** Warendorf

Wo tank' ich auf?

Biergarten Gasthof zur Bever
Grevener Str. 26, Telgte

Anno 1905
Hauptstraße 20, Ostbevern

Zum kühlen Grunde - Landgasthof
Beverstrang 40, Warendorf-Vinnenberg

Westfälischer Hof
Bartholomausstraße 29, Warendorf-Einen

Gasthof Seiling
Markt 6, Telgte

Kartentipp: **ADFC-Regionalkarte Münsterland, 1:75.000**

Scan den QR-Code & hol Dir Deine Tour!

Tour 18

TOURSTART

Sie starten in Telgte am Bahnhof. Der Bahnhof hat zwei Bahnsteige mit jeweils einem Gleis. Beide Bahnsteige sind stufenlos erreichbar.

*Sie radeln vom Bahnhof (**Knotenpunkt** 4) durch die Stadt zum **Punkt** 42.*

Telgte ist seit dem Ende des Dreißigjährigen Krieges als **Marienwallfahrtsort** bekannt. Noch immer kommen jährlich bis zu 150.000 Wallfahrer nach Telgte. An der Telgter Wallfahrt von Osnabrück über Ostbevern nach Telgte – eine der größten in Deutschland – beteiligen sich im September etwa 8000 Pilger. An der Kutschenwallfahrt an Christi Himmelfahrt beteiligen sich rund 100 Kutschen.

Die [1] **Wallfahrtskapelle** ist ein barocker, achteckiger Zentralbau, den der Münsteraner Fürstbischof Christoph Bernhard von Galen 1654 errichten ließ. In der Kapelle wird das Telgter Gnadenbild, das Maria mit dem Leichnam Jesu zeigt, verehrt. Es soll der Legende nach aus der Marienlinde geschnitzt sein. Dieser Baum – einer der ältesten Bäume Deutschlands – steht am nördlichen Stadttor. Sein Alter wird auf rund 750 Jahre geschätzt.

Das [1] **Museum RELíGIO** präsentiert auf über 1000 Quadratmetern die Weltreligionen und die christlichen Konfessionen, die Geschichte der Telgter Wallfahrt sowie das Telgter Hungertuch von 1623.

Ein **Kornbrennereimuseum** zeigt Geschichte und Technik der münsterländischen Kornbrennerei. In dem im Jahre 1900 errichteten Gebäude wurde noch bis 1979 Schnaps gebrannt.

*Sie überqueren am **Knotenpunkt** 42 die Ems und radeln weiter anfangs entlang des Flusses (mit zwei weiteren Wechseln des Flussufers) und später durch die Emsaue zum **Knotenpunkt** 60.*

Kapellenstraße in Telgte

Nach der teilweisen Renaturierung der Ems leben in den natürlichen Uferabbrüchen und Sandbänken heute wieder Eisvögel und Uferschwalben sowie seltene Laufkäfer, Wildbienen und Grabwespen. Im Feuchtgrünland brüten Kiebitz, Grau- und Kanadagans. Auwaldgebüsche und Heckengehölze bieten zahlreichen Vogelarten Lebensraum, darunter Grünspecht, Kleinspecht, Nachtigall und Neuntoter und Pirol.

*Über den **Knotenpunkt** 99 folgen Sie der Beschilderung zur 34 in Ostbevern.*

Die **St.-Ambrosius-Kirche** geht auf einen Kirchenbau aus dem 12. Jahrhundert zurück. Teile des Kirchturms stammen noch aus dieser Zeit. Der gotische Kirchenraum wurde zu Beginn des 16. Jahrhunderts errichtet. 1962 wurde die Kirche erweitert und der Kirchturm aufgestockt.

Schloss Loburg in Ostbevern

An der Bever steht noch eine ehemalige **Kornmühle**, die privat bewohnt wird. Im Nebengebäude der Wassermühle ist eine Kutschen- und Karrensammlung untergebracht.

Außerhalb dieser Route, im nördlich gelegenen Ortsteil Brock, zeigt das **Museum der historischen Waschtechnik** mehr als 5.000 Exponate vom kleinen Seifenstück bis zur Industriewaschmaschine. Das älteste Stück stammt aus dem 17. Jahrhundert, die meisten aus dem 19. und 20. Jahrhundert.

*Sie fahren rechts aus der Stadt hinaus zum **Knotenpunkt 83**.*

Dabei passieren Sie 2 **Schloss Loburg**. Das Wasserschloss wurde 1294 erstmals urkundlich erwähnt und 1760 nach den Plänen von Johann Conrad Schlaun zu einem kleinen Barockschloss mit ovalem Hofraum und breiten Gräften umgebaut, über die drei Zugbrücken führten.

1899 wurde das Schloss bei einem Brand nach Blitzschlägen bis auf die Grundmauern zerstört. Bei dem Brand ging auch eine unveröffentlichte handgeschriebene Sonate Beethovens unwiederbringlich verloren. Beethoven hatte sie einer Schülerin gewidmet. Im folgenden Jahr wurde das Schloss als neobarocker Bau in fast doppelt so großen Ausmaßen neu errichtet. Die Ähnlichkeit mit dem alten Schloss war dem Architekten vorgeschrieben worden. Heute beherbergt das Schloss eine Schule mit zugehörigem Internat. Es ist umgeben von einem Park mit einer Rhododendronanlage.

*Unsere Tour führt weiter über den **Knotenpunkt 50** und links zum **Punkt 28** am 3 **Kloster Vinnenberg**.*

In der Kirche von Kloster Vinnenberg

Das **Kloster Vinnenberg** war ein ehemaliges Zisterzienserinnen- und Benediktinerinnenkloster, das heute als Seminar- und Exerzitienhaus vom Bistum Münster genutzt wird. Es gehört zu den ältesten Marienwallfahrtsorten im Bistum Münster.

Erste urkundliche Erwähnungen finden sich aus dem Jahr 1256. Das Kloster war ein großer Gutshof mit zahlreichen Wirtschaftsgebäuden: einer Mühle, einer Ölmühle, einer Brauerei, einem Wollhaus und großem Viehbestand. Zugleich besaß es umfangreiche Ländereien in der Umgebung. Während des Dreißigjährigen Krieges wurde das Kloster häufiger geplündert. Die später initiierte Wallfahrt bewahrte das Kloster vor dem Ruin.

Im Rahmen der Säkularisation wurde das Kloster 1808 aufgelöst und 1898 als Benediktinerinnenkloster wieder eingerichtet. 1941 beschlagnahmte die Gestapo das Kloster und richtete dort ein „nationalsozialistisches Volksheim" ein. Mit Genehmigung der US-Militärverwaltung kehrten die vertriebenen Nonnen am 2. Mai 1945 ins Kloster zurück.

Reisemobilstellplätze an oder nahe der Route

Wohnmobilstellplatz am Waldschwimmbad in Telgte
Waldweg, Telgte

Wohnmobilstellplatz am Dümmert Park in Telgte
Emstor 5, Telgte

Wohnmobilstellplatz am Gasthus Lauheide
Lauheide 3, Telgte

Wohnmobilstellplatz am Beverbad in Ostbevern
Hanfgarten 22, Ostbevern

E-Bike Ladestationen an oder nahe der Route

Ladesäule am Marktplatz
Markt 1, Telgte

Tourismus + Kultur Telgte
Kapellenstraße 2, Telgte

Modehaus Böhmer
Markt 8, Telgte

Alte Post
Hauptstraße 32, Ostbevern

Anno 1905
Hauptstraße 20, Ostbevern

Collegium Johanneum
– Schloss – Loburg 15, Ostbevern

Hotel & M's Lounge Mersch
Dreibrückenstraße 66-68, Warendorf

E-Bike Ladestation Markt
Fleischhauerstr. / Ecke Markt, Warendorf

Café-Bistro Engelchen
Heumarkt 2, Warendorf

Café Hülsmann
Krickmarkt 4, Warendorf

Seinen personellen Höchststand erreichte Kloster Vinnenberg in den 1950er Jahren mit rund 60 Ordensschwestern. In den Folgejahren nahm die Zahl kontinuierlich ab und 2005 verließen die letzten Nonnen das Kloster. 2010 wurde Kloster Vinnenberg zu einem Bildungshaus umgebaut.

Von den Konventsgebäuden ist aus der Zeit vor 1810 nur noch das Paterhaus von 1722 als westliche Verlängerung des ehemaligen Südflügels erhalten. Die Gebäude waren in der Zeit der Säkularisation abgerissen worden oder verfallen. Alle übrigen Gebäude wurden erst im Zuge der Wiedererrichtung des Klosters im Jahr 1898 oder später errichtet.

Die zum Kloster gehörige Bevermühle wird heute als Gastwirtschaft genutzt.

*Sie radeln weiter durch Naturschutzgebiete über die **Knotenpunkte** 62 und 14 zur 57 an der Ems in Warendorf und zum **Punkt** 1 am Markt.*

Auf dem 4 **Marktplatz** der ehemaligen Hansestadt sind schmucke alte Kaufmannshäuser aus verschiedenen Jahrhunderten und Stilepochen zu bewundern. Insgesamt sind in der Stadt mehr als 600 denkmalgeschützte Häuser erhalten.

Die **Laurentiuskirche** entstand um 800 im sächsischen Waratharpa als eine der Urpfarreien des Münsterlandes. Überreste der Vorgängerkirchen deuten auf eine hölzerne Missionskirche aus dem 8. Jahrhundert und eine romanische Steinkirche aus dem 12. Jahrhundert. Nach einem großen Stadtbrand wurde zu Beginn des 15. Jahrhunderts die heutige gotische Hallenkirche errichtet, die 1913/14 eine Turmgruppe und ein neues Hauptportal erhielt. Seit dem 18. Jahrhundert ist St. Laurentius Ziel von Marienwallfahrten mit mehrtägigen Festtagen mit Prozessionen. Verehrt seit etwa 1750 wird eine bekleidete Gliederpuppe

Marktplatz in Warendorf

aus dem 17. Jahrhundert, die Maria mit Kind darstellt. Beachtenswert ist das reich geschmückte Westportal sowie im Innern das Gemälde des Hochaltars mit Szenen der Passion Christi.

*Von Warendorf folgen Sie den Schildern zum **Knotenpunkt** 90 in Müssingen*

Noch im Zentrum von Warendorf passieren Sie die **Marienkirche**. Ihr beeindruckender Kirchturm wurde um 1200 erbaut. Nach einem Stadtbrand 1741 wurde erst 1911 das heutige Kirchengebäude errichtet.

Später geht es durch das Naturschutzgebiet **„Emsaue westlich Warendorf"**.

*Sie radeln weiter durch Naturschutzgebiete über die **Knotenpunkte** 13, 22 und 72 zum **Knotenpunkt** 4 in Telgte und zum Bahnhof, Ihrem Ausgangspunkt.*

Nordrhein-Westfälisches Landgestüt Warendorf

IN DIE HOCHBURG DES PFERDESPORTS

Eine Rundtour von Warendorf über Freckenhorst und Everswinkel zurück nach Warendorf

Die Tour führt in die westliche Umgebung der als Zentrum der Pferdezucht und des Reitsports bekannten Stadt Warendorf zum ehemaligen hochadeligen Stift Freckenhorst und ins ländlich geprägte Everswinkel.

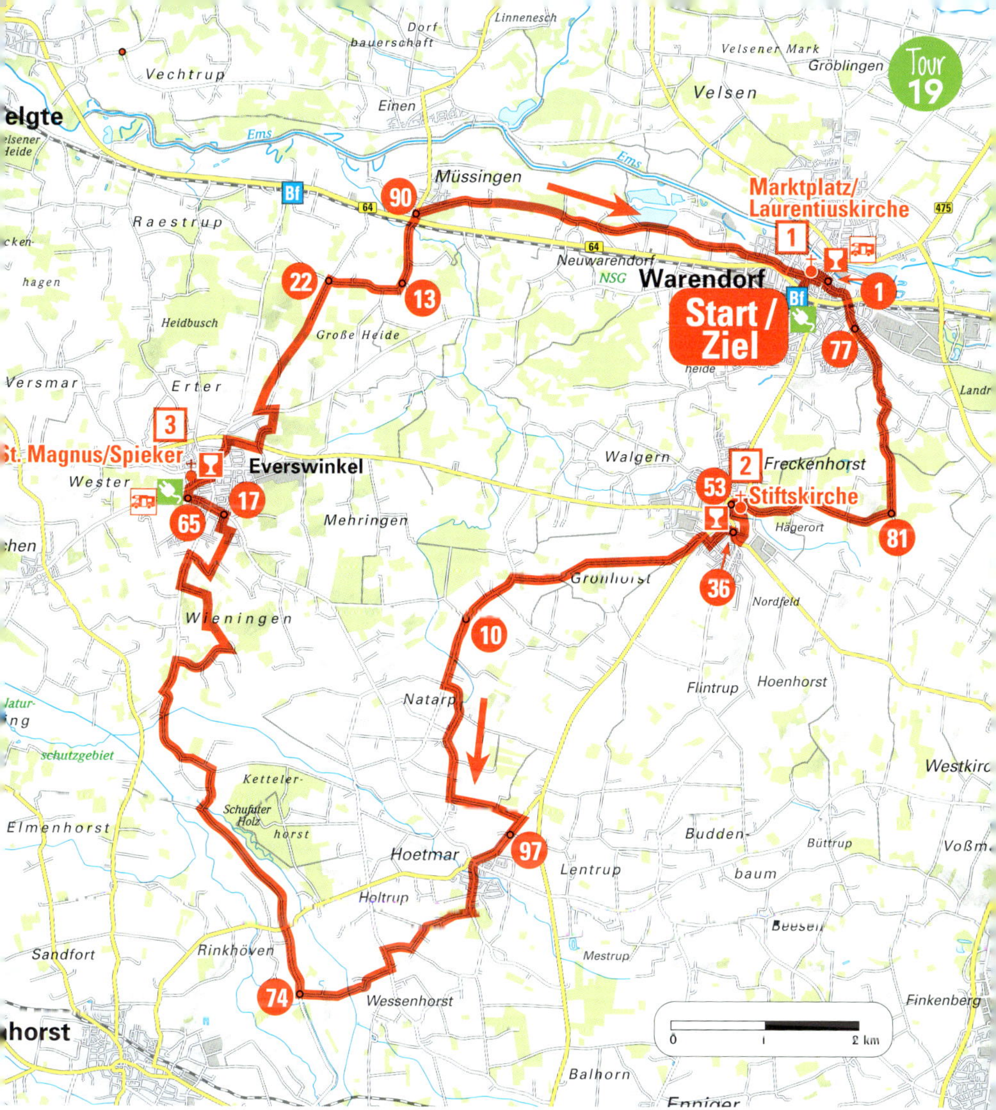

Was erwartet mich?

49,5 km, eine Tour auf überwiegend asphaltierten und naturbelassenen Wirtschaftswegen durch die leicht wellige Parklandschaft westlich von Warendorf.

Wie komm' ich hin?

ÖPNV: Bahnhof Warendorf

Mit dem Auto: A 2, Ausfahrt: Beckum, B 475, in Warendorf: Bahnhofstraße

Was muss ich sehen?

1 **Markt und Laurentiuskirche** in Warendorf

2 **Stiftskirche** in Freckenhorst

3 **Magnuskirche und Spieker** in Everswinkel

Wo tank' ich auf?

Altes Gasthaus Wiese
Kirchstraße 13, Warendorf

Stiftshof Hendirk Dühlmann
Westkirchener Str. 1, Warendorf-Freckenhorst

Gasthof Diepenbrock
Vitusstraße 5, Everswinkel

Kartentipp: **ADFC-Regionalkarte Münsterland,** 1:75.000

Scan den QR-Code & hol Dir Deine Tour!

Tour
19

In der Innenstadt
von Warendorf

TOURSTART

Sie starten in Warendorf am Bahnhof. Der Bahnhof hat zwei Bahnsteige mit jeweils einem Gleis. Beide Bahnsteige sind stufenlos zu erreichen.

Sie radeln vom Bahnhof geradeaus in die Wilhelmstraße bis Sie auf die Münsterstraße treffen. Hier rechts und den Schildern bis zum ***Knotenpunkt*** *1 folgen.*

Im Zentrum von Warendorf passieren Sie zuerst die **Marienkirche**. Ihr beeindruckender Kirchturm wurde um 1200 erbaut. Nach einem Stadtbrand 1741 wurde erst 1911 das heutige Kirchengebäude errichtet.

Auf dem [1] **Marktplatz** der ehemaligen Hansestadt sind schmucke alte Kaufmannshäuser aus verschiedenen Jahrhunderten und Stilepochen zu bewundern. In der Stadt sind insgesamt mehr als 600 denkmalgeschützte Häuser erhalten.

Laurentiuskirche

Die 1 **Laurentiuskirche** entstand um 800 im sächsischen Waratharpa als eine der Urpfarreien des Münsterlandes. Überreste der Vorgängerkirchen deuten auf eine hölzerne Missionskirche aus dem 8. Jahrhundert und eine romanische Steinkirche aus dem 12. Jahrhundert. Nach einem großen Stadtbrand wurde zu Beginn des 15. Jahrhunderts die heutige gotische Hallenkirche errichtet, die 1913/14 eine Turmgruppe und ein neues Hauptportal erhielt. Seit dem 18. Jahrhundert ist St. Laurentius Ziel von Marienwallfahrten mit mehrtägigen Festtagen mit Prozessionen. Verehrt seit etwa 1750 wird eine bekleidete Gliederpuppe aus dem 17.

Jahrhundert, die Maria mit Kind darstellt. Beachtenswert ist das reich geschmückte Westportal sowie im Innern das Gemälde des Hochaltars mit Szenen der Passion Christi.

Pferdefreunde werden in Warendorf das **Nordrhein-Westfälische Landgestüt Warendorf** besuchen. Es ist das Zentrum der Pferdezucht und des Reitsports in Nordrhein-Westfalen. Es kann im Rahmen von Führungen besichtigt werden. An drei Sonntagen Ende September/Anfang Oktober finden die traditionellen Hengstparaden statt. Dabei sind rund 100 Hengste in verschiedenen Schaubildern zu sehen.

Stiftskirche in Freckenhorst

*Aus der Innenstadt geht es weiter über die **Knotenpunkte** 77 und 81 rechts zur 53 in Freckenhorst.*

Reisemobilstellplätze an oder nahe der Route

Wohnmobilstellplatz am Bootshaus Emssee
Sassenberger Straße 26, Warendorf

Wohnmobilstellplatz am Emswehr
Zwischen den Emsbrücken, Warendorf

Wohnmobilstellplatz am Vitus Bad
Alverskirchener Straße 29, Everswinkel

Die Anlage eines Klosters in Freckenhorst geht nach einer urkundlichen Überlieferung auf den Edelherren Everward und seine Frau Geva im Jahre 851 zurück. Die heutige 2 **Stiftskirche** wurde nach einem Brand im Jahre 1116 erbaut und 1129 eingeweiht. 1495 wurde das ursprüngliche Kanonissenstift in ein freiweltliches Damenstift umgewandelt. 1776 lautete die offizielle Bezeichnung: „Das hochadelige, kaiserliche, freiweltliche Stift St. Bonifatius zu Freckenhorst". 1805 wurde es auf Anordnung des preußischen Königs Friedrich Wilhelm III. zu einer Versorgungsanstalt für adlige Damen aller Konfessionen. 1812 wurde das Stift auf französischen Befehl hin aufgehoben. Im Ortskern entdecken Sie noch einige ältere Häuser.

*Sie fahren weiter über die **Knotenpunkte** 36, 10, geradeaus 97, 74 und rechts 17 zum **Knotenpunkt** 65 in Everswinkel.*

Die katholische Pfarrkirche 3 **St. Magnus** in Everswinkel bildet das Zentrum des kleinen Ortes. Der romanische Turm stammt aus der ersten Hälfte des 13. Jahrhunderts. Das gotische Kirchenschiff wurde zwischen

Spiekerhäuser in Everswinkel

1489 und 1522 erbaut. Es ist für eine gotische Kirche eher weniger lang und verhältnismäßig breit. Sehenswert im Innern sind die farbenfrohen spätgotischen Gewölbemalereien, der Sakramentsturm aus dem 16. Jahrhundert und die von Johann Wilhelm Gröninger 1729 geschaffene Ölberggruppe.

Nördlich der Kirche stehen eine Reihe gut restaurierte 3 **Spieker** aus dem 13. und 14. Jahrhundert. Sie dienten früher als Getreidespeicher, aber auch als Wehranlage und Unterkunft für die Bevölkerung in Kriegszeiten.

Das denkmalgeschützte ehemalige **Weberhaus** an der Ostseite des Kirchplatzes, ein typisches Ackerbürgerhaus aus dem Jahre 1781, dient der Gemeinde als Heimathaus. Damals bestand die Dorfbevölkerung zum größten Teil aus sogenannten Ackerbürgern, die einem Gewerbe oder Handwerk nachgingen und zusätzlich Landwirtschaft betrieben. Viele Dorfbewohner arbeiteten im 18. und 19. Jahrhundert als Weber im eigenen Haus. Ihnen ist das Weberdenkmal, eine Sandsteinskulptur von 1993, gewidmet.

*Unsere Tour führt nun weiter über die **Knotenpunkte** 22, 13 und 90 rechts zum **Punkt** 1 in Warendorf und weiter zum Bahnhof, Ihrem Ausgangspunkt.*

E-Bike Ladestationen an oder nahe der Route

E-Bike Ladestation Radstation Warendorf
Bahnhofstraße 11, Warendorf

E-Bike Ladestation Markt
Fleischhauerstr. / Ecke Markt, Warendorf

Modehaus Ebbers
Münsterstraße 3, Warendorf

Café-Bistro Engelchen
Heumarkt 2, Warendorf

Café Hülsmann
Krickmarkt 4, Warendorf

Verkehrsverein Everswinkel
Vitusstr. 8, Everswinkel

Wirtsgarten Diepenbrock
Am Magnusplatz, Everswinkel

Tour 20 Länge 46 km

Schloss Westerwinkel

ZWISCHEN ASCHEBERG UND DRENSTEINFURT

Eine Rundtour von Ascheberg über Drensteinfurt, Herbern, Westerwinkel und Capelle zurück nach Ascheberg

Die Tour führt durch die landwirtschaftlich geprägte Landschaft zwischen Ascheberg und Drensteinfurt. Schloss Westerwinkel und Haus Venne gehören zu den Sehenswürdigkeiten am Wegesrand.

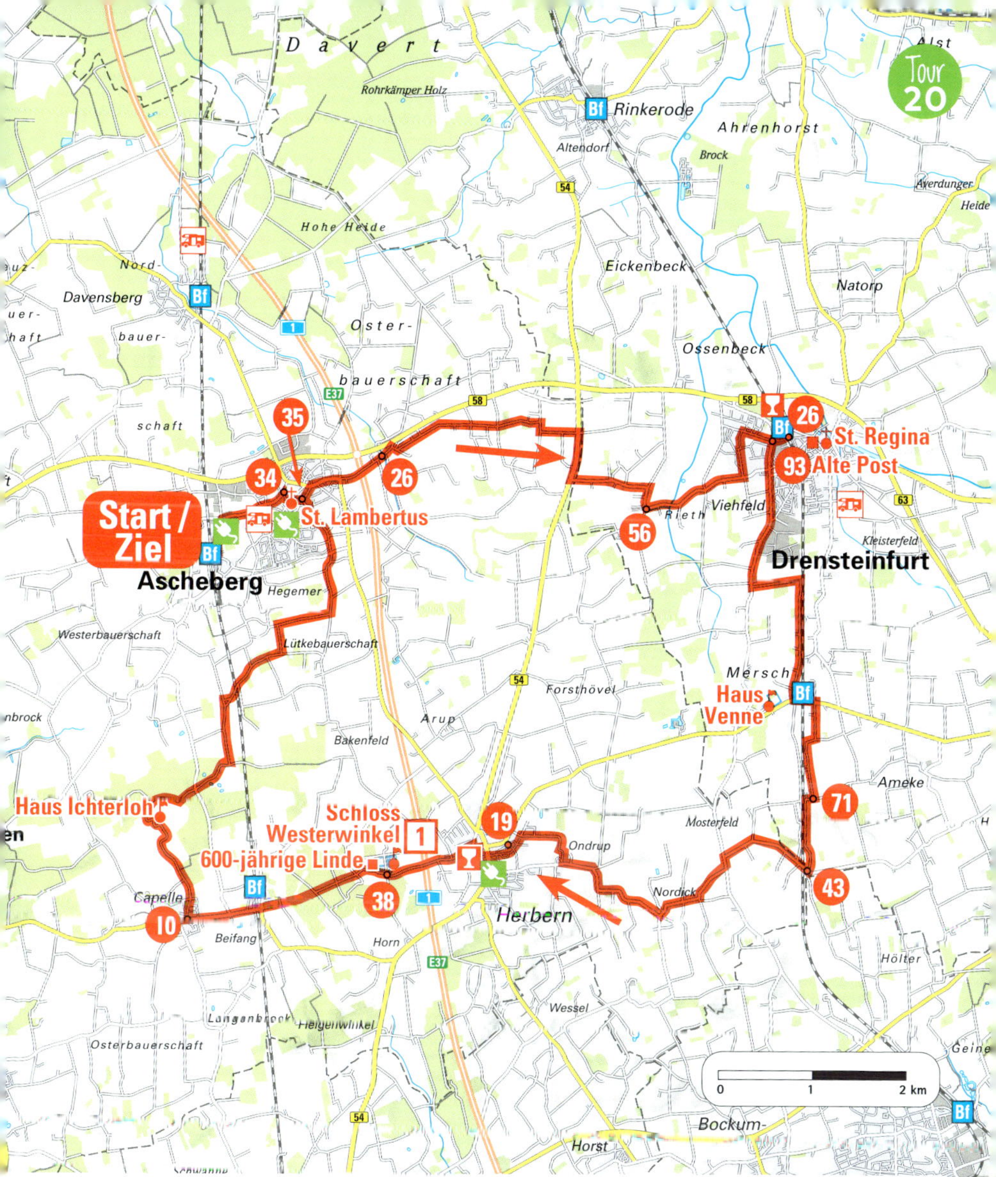

Was erwartet mich?

45,8 km, eine Tour auf überwiegend asphaltierten und naturbelassenen Wirtschaftswegen sowie verkehrsarmen Straßen durch die wellige Parklandschaft.

Wie komm' ich hin?

ÖPNV: Bahnhof Ascheberg

Mit dem Auto: A 1, Ausfahrt Ascheberg, im Ort: „Breil"

Was muss ich sehen?

1 Schloss Westerwinkel

Wo tank' ich auf?

Gasthof Deitermann
Südstraße 33, Ascheberg

„Mops-Garten" Drensteinfurt
Am Ladestrang 12, Drensteinfurt

Frenkings Tenne
Bahnhofsweg 20, Ascheberg

Kartentipp: **ADFC-Regionalkarte Münsterland,** 1:75.000

Scan den QR-Code & hol Dir Deine Tour!

Tour 20

TOURSTART

Sie starten in Ascheberg am Bahnhof. Es gibt einen Bahnsteig mit zwei Gleisen (2 und 3). Das Gleis 3 ist ebenerdig durch Überqueren der Schienen erreichbar.

Sie radeln vom Bahnhof links über die Straße Breil zum Kreisel, dort rechts und vom ***Knotenpunkt*** *34 zur 35 ins Stadtzentrum.*

Pfarrkirche St. Lambertus in Ascheberg

Ascheberg wird von der **katholischen Pfarrkirche St. Lambertus** überragt. Die vermutlich um 1524 errichtete spätgotische Hallenkirche von vier Jochen ist mit hohen Maßwerkfenstern mit Fischblasenfigurationen ausgestattet.

Die um 1022 erstmals urkundlich erwähnte Kirche, ist wahrscheinlich eine Urpfarre des heiligen Liudger, sie wurde wohl bis zur Mitte des neunten Jahrhunderts gegründet. Ihr Chor wurde 1737 nach einem Entwurf von Johann Conrad Schlaun aus Backstein gebaut. Der neugotische Westturm mit zweigeschossigen Kapellenanbauten wurde 1909 angefügt. Im Innern ist der geschnitzte Hochaltaraufsatz mit Heiligenfiguren aus Amersfoort von 1697 sehenswert.

Von Ascheberg geht es weiter über die ***Knotenpunkte*** *26, 56 zur 93 in Drensteinfurt.*

Für eine Stadtbesichtigung folgen Sie den Schildern am Bahnhof vorbei zur 26 und weiter auf der Bahnhofstraße.

Haus Venne
und Kapelle

Die Stadt hat sich ihren ländlichen Charakter teilweise erhalten. Neben der klassizistischen **Pfarrkirche St. Regina** im Ortszentrum ist die **Alte Post** von 1647, die heute als Rathaus dient, sehenswert. Die ehemalige jüdische **Synagoge Drensteinfurt** aus dem Jahr 1872 ist eine der wenigen weitgehend originalgetreu erhaltenen Synagogen in Westfalen.

*Vom **Knotenpunkt** 93 fahren Sie nun weiter zum **Knotenpunkt** 71.*

Vom Bahnhof Mersch sind es nur wenige Meter nach rechts zum **Haus Venne**.

Die **Schlossanlage** wurde um 1710 nach den Plänen von Lambert Friedrich von Corfey aus einem Haupt-

haus aus Backstein sowie vier symmetrisch zugeordneten Nebenbauten errichtet. Eines davon birgt die Kapelle, die anderen drei werden als Wirtschaftsgebäude genutzt. Johann Conrad Schlaun errichtete das Gartenhaus hinter dem Haupthaus in der Parkanlage.

*Unsere Tour für weiter auf der 100 Schlösser Route über die **Knotenpunkte** 43 und 19 zum **Knotenpunkt** 38 am* 1 **Schloss Westerwinkel**.

Die Existenz einer Burganlage in Westerwinkel ist seit 1225 urkundlich belegt. Allerdings wechselte die Burg mehrfach den Besitzer. Bis 1430 gehörte sie den Herren von Ascheberg, danach der Familie von Merveldt, deren Stammsitz Burg Merfeld nordwestlich von Dülmen ist. Das heutige barocke **Wasserschloss** stammt aus dem 17. Jahrhundert. Lediglich ein Gebäudeflügel ist einem Brand zum Opfer gefallen und wurde nicht wieder aufgebaut.

Westlich des Schlosses befindet sich die **Garteninsel** mit einem zweistöckigen barocken Pavillon, der von Johann Conrad Schlaun erbaut wurde und mittlerweile verfällt. Der im englischen Stil gestaltete Schlossgarten hat einen Bestand an seltenen Bäumen, darunter auch eine 600-jährige Linde. Der Park ist heute leider durch den Bau eines Golfplatzes verunstaltet.

*Vom Schloss fahren Sie geradeaus zum **Knotenpunkt** 10 in Capelle und dort rechts nach Ascheberg zum **Punkt** 35.*

Unterwegs passieren Sie **Haus Ichterloh**. Das Herrenhaus der ehemaligen Burganlage war nach langsamem Verfall bereits 1873 auf Abbruch verkauft worden. Heute existieren nur noch ein Gebäude der Vorburg sowie Teile der Gräften.

In Ascheberg radeln Sie über die 34 auf dem gleichen Weg wieder zurück zum Bahnhof, Ihrem Ausgangspunkt.

Schloss Westerwinkel

Reisemobilstellplätze an oder nahe der Route

Wohnmobilstellplatz im Zentrum von Ascheberg
Appelhofstraße, Ascheberg

Wohnmobilstellplatz am Gasthaus Eickholt
Frieport 22, Ascheberg

Wohnmobilstellplatz am Erlbad
Im Erlfeld 2, Drensteinfurt

E-Bike Ladestationen an oder nahe der Route

Fliesen Homann
Raiffeisenstraße 27, Ascheberg

Gaststätte Breil Klause
Bahnhofsweg 20, Ascheberg

Frye's Fahrradhof
Raiffeisenstraße 10, Ascheberg

Ascheberg Marketing e.V.
Katharinenplatz 1, Ascheberg

Zweirad Hölscher
Bernhardstr. 21, Ascheberg

E - Bike Ladestation
Südstraße 36, Ascheberg

Burg Vischering
in Lüdinghausen

ZU SCHÖNSTEN WASSERSCHLÖSSERN

Eine Rundtour von Lüdinghausen über Nordkirchen, Ottmarsbocholt und Senden zurück nach Lüdinghausen

Die Tour führt zur mittelalterlichen, wehrhaften Burg Vischering und zum Schloss Nordkirchen, dem „westfälischen Versailles". Am Wegesrand liegen weitere Burgen und Herrensitze sowie das Naturschutzgebiet „Venner Moor".

Was erwartet mich?

Eine 57,7 km lange Rundtour überwiegend auf asphaltierten Wirtschaftswegen und verkehrsarmen Straßen durch die leicht wellige Parklandschaft zwischen Lüdinghausen, Nordkirchen und Senden.

Wie komm' ich hin?

ÖPNV: Bahnhof Lüdinghausen

Mit dem Auto: A 43, von Süden: Ausfahrt Dülmen-Nord, weiter über die B 474 und die B 58 nach Lüdinghausen, oder von Norden Ausfahrt Senden und über die B 235 nach Lüdinghausen. Parkplatz nahe Burg Vischering.

Was muss ich sehen?

1 Burg Vischering
2 Schloss Nordkirchen

Wo tank' ich auf?

Café Reitstall Burg Vischering
Berenbrock 1, Lüdinghausen
Minigolf & Biergarten am Schloß Nordkirchen
Am Schloßpark 5, Nordkirchen
Journal
Münsterstraße 16, Senden
Landgasthof Kastanienbaum
Elvert 6, Lüdinghausen

Kartentipp: **ADFC-Regionalkarte Münsterland,** 1:75.000

Scan den QR-Code & hol Dir Deine Tour!

Tour 21

TOURSTART

Sie starten in Lüdinghausen am Bahnhof. Der Bahnhof hat einen Mittelbahnsteig mit zwei Gleisen. Der Bahnsteig ist ebenerdig über die Schienen erreichbar.

Sie radeln vom Bahnhof geradeaus auf der Bahnhofstraße, links in den Telgengarten und in einer Rechtskurve geradeaus über die Hauptstraße hinweg und an der Burg Lüdinghausen vorbei zum ***Knotenpunkt*** *99, zur* 1 **Burg Vischering**.

Backhaus in der Burg Vischering

Diese **Wasserburg** ist eine der ältesten und besterhaltenen Burgen des Münsterlandes und sie hat noch ihren wehrhaften Charakter weitgehend bewahrt. Sie ist eine Zwei-Insel-Anlage, bestehend aus einer Vorburg mit Wirtschaftsgebäuden und einer Hauptburg. Der Hausteich wird von der Stever gespeist und ist von Wällen, Teichen und Gräften umgeben.

Gegründet wurde sie als Trutzburg des Bischofs von Münster in der zweiten Hälfte des 13. Jahrhunderts. Später wurde sie zum Stammsitz der Familie Droste zu Vischering. Nach einem Brand im Jahr 1521 wurde die Burg bis 1580 wiederaufgebaut und im Renaissancestil erweitert. Die Grafen Droste zu Vischering verlegten ihren Wohnsitz 1690 nach Schloss Darfeld und Burg Vischering blieb lange Zeit ungenutzt. Nach dem Zweiten Weltkrieg, in dem die Burg beschädigt und wiederhergestellt wurde, pachtete der damalige Kreis Lüdinghausen die Anlage.

Heute wird die Hauptburg als Museum genutzt. Gezeigt wird die Geschichte der Burg Vischering von ihrer Gründung 1271 bis in die Gegenwart sowie die der Schlösser und Burgen des Münsterlandes.

Tor zur Burg Vischering

*Vom **Knotenpunkt** 99 geht es weiter über die 24, rechts 30 und links 17 zum **Punkt** 33 am* 2 **Schloss Nordkirchen**.

Dieses **Wasserschloss** ist die größte Barockresidenz Westfalens und wird gerne als „Westfälisches Versailles" bezeichnet. Seine Architektur orientiert sich aber nicht nur an französischen Vorbildern, sondern auch am Klassizismus niederländischer Wasserschlösser. Hinzu kommen typisch westfälische Baumaterialien, so der rote Backstein und der helle Sandstein aus den Baumbergen sowie sauerländischer Schiefer.

Zu Beginn des 16. Jahrhunderts ließ Gerhard III. von Morrien die alte Wasserburg seiner Familie zu einem großen und stark befestigten Wasserschloss ausbauen. 1694 erwarb der Fürstbischof von Münster, Friedrich Christian von Plettenberg, die Anlage und ließ das

Schloss Nordkirchen

Schloss im Laufe einer mehr als dreißigjährigen Bauzeit zu einer besonders repräsentativen Residenz umgestalten. 1734 zählte der Schlossgarten von Nordkirchen zu den berühmtesten Gärten Europas.

Das Schloss steht auf einer großen, rechteckigen Insel und ist von einer breiten Gräfte sowie einem rund 172 Hektar großen **Schlosspark** umgeben. In den Gärten und Alleen finden sich 385 Skulpturen. Die ersten Gartenskulpturen fertigte 1721 der Münsteraner Bildhauer Johann Wilhelm Gröninger nach antiken Vorbildern. Dargestellt sind unter anderem Venus, Mars, Jupiter, Apollo, Bacchus und Herkules. Die Skulpturen wurden 1725 nach Plänen von Johann Conrad Schlaun zwischen den Bäumen der neu angelegten Kastanienalleen aufgestellt. Die heutigen Skulpturen stammen überwiegend aus den Jahren 1910 bis 1919, als die Gärten im neobarocken Stil restauriert wurden.

Burg Lüdinghausen

1949 mietete das Land Nordrhein-Westfalen das Schloss an und nutzte es als Landesfinanzschule, aus der die heutige Hochschule für Finanzen Nordrhein-Westfalen entstand.

*Sie radeln zurück zum **Knotenpunkt** 17 und über die **Punkte** 28, 37 und 8 nach Ottmarsbocholt und weiter über die 39 links zum **Knotenpunkt** 55.*

Hier radeln Sie durch das sagenumwobene **Naturschutzgebiet Davert**. Wo sich heute Wald mit Weide- und Ackerflächen abwechseln, existierte früher ein unwegsames Moor. Nur ein einziger Weg führte damals durch die Davert, gesäumt von Wacholdersträuchern, Ginsterbüschen und Krüppelkiefern. Dass sich darum diverse Gespenstergeschichten rankten, verwundert nicht.

Die Ortschaft Venne am **Knotenpunkt** 55 trennt die Davert vom Venner Moor. Sie wurde im 13. Jahrhundert von Johannitern gegründet, um am Rande dieses Moors leprakranke Kreuzritter in einer Seuchenstation von der Außenwelt zu isolieren. Das angrenzende **Naturschutzgebiet „Venner Moor"** ist ein ehemaliges Hochmoor, das weitgehend abgetorft wurde. In der Mitte des Gebietes befinden sich vier große, mittler-

Reisemobilstellplätze an oder nahe der Route

Wohnmobilstellplatz Wolfsberg in Lüdinghausen
Wolfsberger Straße, Lüdinghausen

Wohnmobilstellplatz am Hallenbad in Lüdinghausen
Rohrkamp 23, Lüdinghausen

Wohnmobilstellplatz Nordkirchen
Am Gorbach 10a, Nordkirchen

Wohnmobilstellplatz am Sportpark in Senden
Bulderner Straße, Senden

weile wassergefüllte Torfstiche, die heute zur Renaturierung dienen. Ansonsten ist das Venner Moor weitgehend mit Birken und Kiefern bewaldet.

*Sie folgen nun den Schildern über die **Knotenpunkte** 92 und 93 zur 64 in Senden – dabei überqueren Sie den Dortmund-Ems-Kanal.*

Der **Dortmund-Ems-Kanal** verläuft zwischen dem Dortmunder Stadthafen und Papenburg/Ems und wurde 1899 als erster der großen Binnenschifffahrtskanäle eröffnet.

Nur etwa 250 Meter vom Kanal entfernt, steht **Schloss Senden**. Es diente seit den 1980er bis Ende der 1990er Jahre als Hotel. Nach einem Dachstuhlbrand wurde das Hotel geschlossen und das leerstehende Gebäude verfiel. Ein gemeinnütziger Verein Schloss Senden e.V. erwarb 2015 die Anlage und bemüht sich mit Unterstützung der Denkmalpflege um die Restaurierung.

*Unsere Tour führt nun über die **Knotenpunkte** 3 und 22 zur 21.*

Dabei passieren Sie Haus Kakesbeck. Die **Burg Kakesbeck** ist die älteste der drei erhaltenen Wasserburgen in Lüdinghausen. Die Anlage besteht aus einem Kern- und einem Vorburgbereich und ist von einem umfangreichen Gräftensystem umgeben. Die Gebäude wurden zwischen dem 14. und 16. Jahrhundert errichtet. So stammt das Brauhaus und ein spätgotisches Speicherhaus aus dem Jahr 1542. Ein Torhaus wurde im 17. Jahrhundert errichtet, ebenso das Herrenhaus.

Vorbei an 1 **Burg Vischering** *gelangen Sie wieder zum **Knotenpunkt** 99 und auf dem gleichen Weg wie beim Hinweg zurück zum Bahnhof, Ihrem Ausgangspunkt.*

In der Stadt bietet sich ein Abstecher zur **Burg Lüdinghausen** an. Die Anlage besteht aus der Hauptburg, mindestens zwei Vorburgen und einem weitläufigem Gräftensystem. Von der Hauptburg steht noch der Südflügel von 1573 und ein neuerer Westflügel. Die Burg wird heute unter anderem für Ausstellungen genutzt.

E-Bike Ladestationen an oder nahe der Route

Autohaus Rüschkamp
Seppenrader Straße 17, Lüdinghausen

E-Bike Ladestation
Borg 4, Lüdinghausen

Blaudruckerei
Münsterstraße 51, Lüdinghausen

E-Bike Ladestation
Ludwig-Becker-Platz 19, Nordkirchen

Ladestation Rathaus Nordkirchen
Bohlenstr. 2, Nordkirchen

Touristinformation
Münsterstraße 30, Senden

Café am Brunnen
Eintrachtstraße 4, Senden

Bücher Schwalbe
Herrenstraße 3, Senden

Hofcafé/Bioladen Gut Wewel
Gettrup 13, Senden

Landgasthaus Kastanienbaum
Elvert 6, Lüdinghausen

Café Indigo
Berenbrock 7, Lüdinghausen

Stauwehr in Haltern

ÜBER DAS ROSENDORF ZUM SEE

Eine Rundtour von Dülmen über Lüdinghausen, Seppenrade und Haltern zurück nach Dülmen

Die landschaftlich reizvolle und abwechslungsreiche Tour führt zur mittelalterlichen, wehrhaften Burg Vischering, ins Rosendorf Seppenrade und zum Halterner Stausee.

Was erwartet mich?

Eine 59 km lange Rundtour überwiegend auf asphaltierten und naturbelassenen Wirtschaftswegen durch die leicht wellige Parklandschaft zwischen Dülmen, Lüdinghausen und Haltern. Vor und hinter Seppenrade gibt es zwei deutliche Steigungen.

Wie komm' ich hin?

ÖPNV: Bahnhof Dülmen

Mit dem Auto: A 43, Ausfahrt Dülmen-Nord, Richtung Stadtzentrum, dann Eisenbahnstraße

Was muss ich sehen?

1 Burg Vischering

2 Rosengarten Seppenrade

Wo tank' ich auf?

Café Reitstall Burg Vischering
Berenbrock 1, Lüdinghausen

Restaurant Naundrups Hof
Dülmener Str. 24, Lüdinghausen-Seppenrade

Stadtmühle Haltern
Zu den Mühlen 60, Haltern am See

Hotel Restaurant Dülmener Hof
Halterner Str. 178, Dülmen

Kartentipp: **ADFC-Regionalkarte Münsterland, 1:75.000**

Scan den QR-Code & hol Dir Deine Tour!

Tour 22

TOURSTART

Sie starten in Dülmen am Bahnhof. Der Bahnhof hat zwei Bahnsteige (Gleis 31 und Gleis 1+2). Der Zugang zu Gleis 31 ist stufenlos, für den Bahnsteig mit den Gleisen 1+2 gibt es einen Aufzug.

Vom Bahnhof radeln Sie über die ***Knotenpunkte*** *20 und rechts 95 links zum* ***Punkt*** *45 am Dortmund-Ems-Kanal.*

Der Dortmund-Ems-Kanal verläuft zwischen dem Dortmunder Stadthafen und Papenburg/Ems und wurde 1899 als erster der großen Binnenschifffahrtskanäle eröffnet.

Hier überqueren Sie den Kanal und fahren über den ***Knotenpunkt*** *21 rechts zur 99.*

Kurz davor erreichen Sie 1 **Burg Vischering**. Diese Wasserburg ist eine der ältesten und besterhaltenen Burgen des Münsterlandes und sie hat noch ihren wehrhaften Charakter weitgehend bewahrt. Sie ist eine Zwei-Insel-Anlage, bestehend aus einer Vorburg mit Wirtschaftsgebäuden und einer Hauptburg. Der Hausteich wird von der Stever gespeist und ist von Wällen, Teichen und Gräften umgeben.

Gegründet wurde sie als Trutzburg des Bischofs von Münster in der zweiten Hälfte des 13. Jahrhunderts. Später wurde sie zum Stammsitz der Familie Droste zu Vischering. Nach einem Brand im Jahr 1521 wurde die Burg bis 1580 wiederaufgebaut und im Renaissancestil erweitert. Die Grafen Droste zu Vischering verlegten ihren Wohnsitz 1690 nach Schloss Darfeld und Burg Vischering blieb lange Zeit ungenutzt. Nach dem Zweiten Weltkrieg, in dem die Burg beschädigt und wiederhergestellt wurde, pachtete der damalige Kreis Lüdinghausen die Anlage.

Heute wird die Hauptburg als Museum genutzt. Gezeigt wird die Geschichte der Burg Vischering von ihrer Gründung 1271 bis in die Gegenwart sowie die der Schlösser und Burgen des Münsterlandes.

Tour 22

Burg Lüdinghausen

Sie folgen in der Stadt der Radwegbeschilderung der „100-Schlösser-Route" zur **Burg Lüdinghausen**. Die Anlage besteht aus der Hauptburg, mindestens zwei Vorburgen und einem weitläufigem Gräftensystem. Von der Hauptburg steht noch der Südflügel von 1573 und ein neuerer Westflügel. Die Burg wird heute unter anderem für Ausstellungen genutzt.

*Sie folgen hier zunächst den Schildern der „100 Schlösser Route" und am Parkplatz unterhalb der Burg Lüdinghausen den Schildern der „Lüdinghauser Acht". Nach ca. 3 Kilometern treffen Sie wieder auf das **Knotennetz**, fahren rechts, überqueren den Dortmund-Ems-Kanal zum **Knotenpunkt** 27 und steuern dann die 58 in Seppenrade an. Kurz vor dem Dorf gibt es eine deutliche Steigung und am Ortsausgang eine weitere.*

An der Radroute passieren Sie den 2 **Rosengarten**, der ab 1968 auf dem Gelände einer ehemaligen Müllkippe angelegt und mehrfach erweitert wurde. Auf

Gedenkstein vor Schloss Sythen

knapp 19.000 Quadratmeter Fläche wurden mehr als 30.000 Rosen aus über 700 Sorten angepflanzt. Von Juni bis Ende August ist der Garten ein einziges Blütenmeer.

In der Paläontologie, der Wissenschaft von den Lebewesen und Lebewelten der geologischen Vergangenheit, hat sich Seppenrade einen Namen gemacht, als 1895 in einem Steinbruch das Fossil eines Ammoniten mit einem Durchmesser von 174 cm gefunden wurde. Das Fossil mit einem Gewicht von über 3,5 Tonnen wird heute im LWL-Museum für Naturkunde in Münster ausgestellt. Ein Abguss ist in Seppenrade an der Dattelner Straße zu bewundern. Die spezielle Ammonitenart wurde wissenschaftlich nach ihrem Fundort als „Parapuzosia seppenradensis" benannt.

Die **St. Dionysius-Kirche** in der Ortsmitte wurde von 1882 bis 1885 erbaut. Sehenswert sind im Inneren ein Paulusrelief aus dem 15. Jahrhundert und ein Taufstein aus dem Jahr 1635.

*Seppenrade verlassen Sie über den **Knotenpunkt** 97 und fahren weiter über die 22 zur 15 am Halterner Stausee.*

Der Stausee, offiziell als **Stevertalsperre Haltern** bezeichnet, wurde zwischen 1927 und 1930 errichtet mit einem Inhalt von Millionen Kubikmetern Wasser. 1972 wurde er auf 20,5 Millionen Kubikmeter erweitert. Die Länge des Staudamms beträgt 1300 Meter und die Höhe 8,9 Meter.

Römermuseum Haltern

Als Trinkwassertalsperre versorgt sie über das Wasserwerk Haltern mehr als eine Million Menschen im Bereich des westlichen Münsterlandes und des nördlichen Ruhrgebietes mit Trinkwasser. Da das Wasser nicht direkt aus dem See entnommen, sondern versickertes und gefiltertes Grundwasser gewonnen wird, sind Freizeitaktivitäten wie Schwimmen und Segeln auf dem Stausee erlaubt.

Einen Abstecher in die Stadt Haltern lohnt das **LWL Römermuseum** im Südwesten der Stadt. Es ist allerdings einen ausführlicheren Besuch wert ist, als er im Rahmen dieser Rundtour möglich ist.

Wildpark in Dülmen

Reisemobilstellplätze an oder nahe der Route

Wohnmobilstellplatz am Freizeitbad „düb"
Nordlandwehr 99, Dülmen
Wohnmobilstellplatz Hüttendyk
Hüttendyk, Dülmen
Wohnmobilstellplatz am Sportplatz
Sandstraße 13, Dülmen
Wohnmobilstellplatz Wolfsberg
Wolfsberger Straße, Lüdinghausen
Wohnmobilstellplatz am Hallenbad
Rohrkamp 23, Lüdinghausen
Wohnmobilpark Haltern am See
Hullerner Straße 45-49, Haltern am See

Das Römerlager Haltern war während der römischen Feldzüge zu Beginn des 1. Jahrhunderts n. Chr. im rechtsrheinischen Germanien einer der wichtigsten Militärstützpunkte des Römischen Reiches. Im Museum sind auf einer Ausstellungsfläche von ca. 1000 Quadratmetern die bedeutendsten Funde aus allen Römerlagern entlang der Lippe ausgestellt.

*Unsere Tour führt nun weiter vom **Knotenpunkt** 15 zur 73.*

Dabei passieren Sie das **Wasserschloss Sythen**, das auf eine Burg zurückgeht, die schon 758 unter König Pippin, dem Vater Karls des Großen erwähnt worden war. Der Caritasverband Recklinghausen ließ das Herrenhaus 1971 abreißen. Erhalten sind von der ursprünglichen Anlage noch das Torhaus und die ehemalige Kapelle mit einem eindrucksvollen Kreuzgewölbe. Heute befindet sich Schloss Sythen im Besitz der Stadt Haltern am See.

Die **Wassermühle** ist noch immer Eigentum des Grafen von und zu Westerholt und Gysenberg, des-

sen Familie einst das Schloss besaß. Ihr Wasserrad treibt heute ein kleines Wasserkraftwerk an, das in der Stunde 23 kW in das öffentliche Stromnetz einspeist. Im Mühlengebäude ist eine Begegnungsstätte eingerichtet und Donnerstagnachmittags als Café geöffnet.

*Vom **Knotenpunkt** 73 geht es weiter über die Bahngleise zum **Punkt** 16 und rechts zur 13 in Dülmen.*

Am **Knotenpunkt** 16 steht die ehemalige **Große Teichsmühle**, die heute als Hotel und Restaurant genutzt wird.

Die Route führt vorbei am **Schlosspark von Dülmen**, in dem ab den 1830er Jahren bis 1945 das Schloss Dülmen stand, die Residenz des Herzogs von Croÿ. Nach der Zerstörung im Zweiten Weltkrieg wurde es nicht wieder aufgebaut. Teile des ehemaligen Schlossgartens blieben erhalten und sind mit dem Dülmener Wildpark verbunden.

*Über den **Knotenpunkt** 40 erreichen Sie wieder den Bahnhof, Ihren Ausgangspunkt.*

E-Bike Ladestationen an oder nahe der Route

Bahnhof Dülmen
vor der Fahrradstation, Bahnhofstraße 50, Dülmen

Marktplatz Dülmen
Marktstraße, Dülmen

E-Bike Ladestation
Borg 4, Lüdinghausen

Hotel Schulzenhof
Alter Berg 2, Lüdinghausen-Seppenrade

Hotel Mutter Siepe
Träppken 1, Lüdinghausen-Seppenrade

Fahrrad Schlütermann
Hauptstraße 2, Lüdinghausen-Seppenrade

Jugendherberge Haltern am See
Stockwieser Damm 255, Haltern am See

Zur Kajüte
Strandallee 6, Haltern am See

Hotel-Restaurant-Café „Pfeiffer's Sythener Flora"
Am Wehr 71, Haltern am See

Dorfplatz
Halterner Straße 289, Dülmen-Hausdülmen

Tour 23 Länge 52 km

Wildpferde im
Merfelder Bruch

IN DIE HEIMAT DER WILDPFERDE

Eine Rundtour von Dülmen über Merfeld, Lette und Rorup zurück nach Dülmen

Die Tour führt von Dülmen über das Merfelder Bruch – die Heimat der Wildpferde – zur großen Windmühle in Coesfeld-Lette durch die wellige Parklandschaft zurück nach Dülmen.

Was erwartet mich?

Eine 52,5 km lange Rundtour überwiegend auf asphaltierten und naturbelassenen Wirtschaftswegen durch die leicht wellige Parklandschaft zwischen Dülmen und Coesfeld.

Wie komm' ich hin?

ÖPNV: Bahnhof Dülmen

Mit dem Auto: A 43, Ausfahrt Dülmen-Nord, Richtung Stadtzentrum, dann Eisenbahnstraße

Was muss ich sehen?

1 **Naturschutzgebiet Merfelder Bruch**

2 **Windmühle** in Lette

Wo tank' ich auf?

Piepenprüörker
Kirchstraße 4,
Coesfeld-Lette

Kartentipp: **ADFC-Regionalkarte Münsterland,** 1:75.000

Scan den QR-Code & hol Dir Deine Tour!

Tour 23

TOURSTART

Sie starten in Dülmen am Bahnhof. Der Bahnhof hat zwei Bahnsteige (Gleis 31 und Gleis 1+2). Der Zugang zu Gleis 31 ist stufenlos, für den Bahnsteig mit den Gleisen 1+2 gibt es einen Aufzug.

*Sie radeln vom Bahnhof (**Knotenpunkt** 40) über die 13 zum Punkt 12.*

Lüdinghauser Tor in Dülmen

Im Stadtzentrum passieren Sie die **Heilig-Kreuz-Kirche**, die von 1936 bis 1938 als letzte Kirche in Deutschland vor dem Zweiten Weltkrieg neu erbaut wurde. Durch ein Bombardement wurden am 22. März 1945 Chor und Turm zerstört und bis 1953 wiederaufgebaut. In der Krypta befindet sich das Grab der 2004 selig gesprochenen Mystikerin Anna Katharina Emmerick und darunter eine Gedenkstätte, in dem ihr Krankenzimmer mit den original erhaltenen Einrichtungsgegenständen besichtigt werden kann.

Das **Lüdinghauser Tor** blieb von der alten Stadtbefestigung erhalten. Die steinernen Türme wurden Ende des 15. Jahrhunderts errichtet. Das Pförtnerhaus wurde 1836 abgerissen, als dort kein Wegegeld mehr kassiert wurde. Bis 1906 diente einer der Türme als Stadtgefängnis. 1908 wurden die Türme neu eingedeckt und die steinerne Verbindung errichtet.

Die **St. Viktor-Kirche** am Markt ist die älteste Dülmener Kirche und eine der ältesten des Bistums Münster. Ihre Gründung geht bis auf das Jahr 780 zurück.

Tour 23

Im Merfelder Bruch

*Am **Knoten** (12) führt unsere Route weiter geradeaus, von der Borkener Straße schräg links ab in den Hinderkingsweg, an der nächsten Kreuzung rechts und die dritte Straße wieder links (Overbergstraße). Am Ende fahren Sie rechts und parallel zur Borkener Straße über die A43 hinweg geradeaus weiter bis nach Merfeld.*

Dabei passieren Sie **Haus Merfeld**. Von der ursprünglichen Anlage blieb das Herrenhaus, ein schlichtes Backsteingebäude, mit einem Torhaus aus dem Jahre 1547 und einer Kapelle erhalten.

*Am Ende der Rekener Straße erreichen Sie den **Knotenpunkt** (70). Hier biegen Sie links ab und fahren über die (63) zum **Punkt** (64).*

Dabei passieren Sie das [1] **Merfelder Bruch**, die Heimat der **Dülmener Wildpferde**. In dem rund 350 Hektar großen **Naturschutzgebiet** leben etwa 300 bis 400 Pferde dieser besonderen Ponyrasse ganzjährig und weitgehend unbeeinflusst vom Menschen. Biologen widersprechen der Bezeichnung „Wildpferd" und verweisen auf eine lediglich halbwilde Lebensweise. Allerdings weisen die Tiere mit ihrer meist braun- oder

Windmühle in Coesfeld-Lette

graufalben Färbung den für Wildpferde typischen Aalstrich von der Mähne bis zum Schweif auf. Eine erste urkundliche Erwähnung der Dülmener Pferde stammt aus dem Jahre 1316. Ein besonderer Veranstaltungshöhepunkt in Dülmen ist der Wildpferdefang, bei dem alljährlich jeweils am letzten Samstag im Mai jedes Jahres die einjährigen Hengste herausgefangen und versteigert werden.

Das Naturschutzgebiet können Sie weder befahren noch betreten. Sie können allenfalls einen Abstecher zur **Wildpferdebahn** am Rand des Gebietes unternehmen, um dort vielleicht einige dieser Tiere zu sehen.

*Unsere Tour führt weiter vom **Knotenpunkt** 64 rechts zum **Punkt** 69 in **Maria Veen**.*

Hier gründeten Mönche des Trappistenordens 1888 ein Kloster und bauten bis 1909 ein Klostergebäude samt Kirche für eine katholische Arbeiterkolonie zur Tockenlegung des Moors. Der Begriff „Veen" für „Moor" ist eine örtliche Variante des verbreiteten Begriffs „Venn" („Zwillbrocker Venn" bei Vreden oder „Hohes Venn" in der Eifel). In Ostfriesland ist die Variante „Fehn" für „Moor" üblich. Da zu keinem Zeitpunkt der für eine Abtei notwendige Grundbesitz erworben werden konnte, verließen die Trappisten 1952 das Kloster und gingen nach Österreich.

Sie radeln weiter zum ***Knotenpunkt*** *60 an der* ***Jansburg****.*

Dabei handelt es sich um eine **Wallburg** vermutlich aus dem 9./10. Jahrhundert. Die Burg liegt auf einer flachen Anhöhe und bestand aus einer mit Wall und Graben befestigten Anlage von ca. 120 × 80 m Größe und einem nördlich vorgelagerten, 140 m langen Vorwall. Die Überreste der Burg sind heute von Bäumen und Sträuchern bewachsen und fallen in der Landschaft kaum auf.

Von der Burg geht es nun über die ***Knotenpunkte*** *67 und 68 rechts zum* ***Punkt*** *61 und 62 in Coesfeld-Lette.*

Die stolze, 21 Meter hohe 2 **Windmühle** am Ortseingang stammt aus dem Jahre 1812 und ist eine viergeschossige, hölzerne Achtkant-Kappenwindmühle. Bei dieser Mühlenart steht der gesamte Unterbau (Turm) fest und nur die Kappe wird in den Wind gedreht. Die mit 20.000 Holzschindeln belegte Windmühle hat drei Arbeitsböden und ist vollständig betriebsbereit. Mit Wind wurde hier bis 1934 gemahlen und später noch einige Zeit mit Elektroenergie.

Sie verlassen Lette nach rechts zum ***Knotenpunkt*** *59.*

Noch in Lette ist im **Schulzenhof Herding** aus dem 18. Jahrhundert ein ambitioniertes **Glasmuseum** eingerichtet. Gezeigt wird Glaskunst von renommierten Künstlern aus Italien, Frankreich, den Niederlanden und der Tschechischen Republik. Eine Ausstellung „Neuerwerbungen" stellt aktuelle Strömungen der Glaskunst vor.

Haus Schwickering, kurz hinter dem **Knotenpunkt** 59 ist eine ehemalige Wasserburg. Das heutige Backsteingebäude stammt aus dem Jahr 1811, der Erweiterungsbau kam 1830 hinzu.

Unsere letzte Etappe führt nun über die ***Knotenpunkte*** *75, rechts 76, 11, links 83 und 97 zum* ***Knotenpunkt*** *40 am Bahnhof, Ihrem Ausgangspunkt.*

Reisemobilstellplätze an oder nahe der Route

Wohnmobilstellplatz am Freizeitbad „düb" in Dülmen
Nordlandwehr 99, Dülmen

Wohnmobilstellplatz Hüttendyk in Dülmen
Hüttendyk, Dülmen

Wohnmobilstellplatz am Sportplatz in Dülmen
Sandstraße 13, Dülmen

E-Bike Ladestationen an oder nahe der Route

Bahnhof Dülmen
vor der Fahrradstation, Bahnhofstraße 50

Marktplatz Dülmen
Marktstraße

Von-Galen-Park
(gegenüber der Grundschule) Von-Galen-Straße, Dülmen-Merfeld

Gasthof „Haus Zumbült"
Coesfelder Straße 44, Coesfeld-Lette

Bürgerhaus
Hauptstraße 56, Dülmen-Rorup

Tour 24
Länge 48 km

Biergarten bei
Schloss Raesfeld

EIN SCHLOSSTURM WIE EIN TROMPETENSTOSS

Eine Rundtour von Borken über Raesfeld und Heiden zurück nach Borken

Die Tour führt zum imposanten Wasserschloss Raesfeld, durch naturgeschützte ehemalige Moorgebiete und in die sagenumwobene Umgebung von Heiden.

Was erwartet mich?

47,9 km, eine ebene Tour auf überwiegend asphaltierten und naturbelassenen Wirtschaftswegen durch die nur leicht wellige Parklandschaft des Westmünsterlandes.

Wie komm' ich hin?

ÖPNV: Bahnhof Borken

Mit dem Auto: A 31, Ausfahrt Borken, in Borken: Bahnhofstraße

Was muss ich sehen?

1 Schloss Raesfeld

2 Haus Döring in Borken

Wo tank' ich auf?

Freiheit24 Treffpunkt am Schloss
Freiheit 24, 46348 Raesfeld

Landhotel Restaurant Beckmann
Borkener Str. 7A, Heiden

Biergarten Sicking
Raesfelder Str. 6, Borken

Kartentipp: **ADFC-Regionalkarte Münsterland West/ Achterhoek,** 1:75.000

Scan den QR-Code & hol Dir Deine Tour!

Tour 24

TOURSTART

Sie starten am Bahnhof Borken. Der Bahnhof hat nur einen Bahnsteig mit einem Gleis und ist stufenlos erreichbar.

Vom Bahnhof folgen Sie rechts der Bahnhofstraße, am Ende wieder rechts und über die Ahauser Straße hinweg in den Beckingsweg. Nach 200 m biegen Sie rechts in einen Fußweg, der nach einem Linksbogen auf das ***Knotennetz*** *trifft und weiter zum* ***Knotenpunkt*** *74 führt.*

Die **St. Remigius-Kirche** im Stadtzentrum geht im Ursprung auf eine karolingische Holzkirche des späten 8. Jahrhunderts zurück. 1150 wurde eine romanische Steinkirche errichtet, von der die beiden unteren Geschosse des Turmes erhalten blieben. Um 1433 wurde eine spätgotische, dreischiffige, dreijochige Hallenkirche erbaut, die Ende des 19. Jahrhunderts im Stil der Neugotik erweitert wurde. Im Frühjahr 1945 wurde der bis dahin gut erhaltene Ortskern von Borken durch Kriegshandlungen zu 80 Prozent zerstört. Noch vorhandene Altbausubstanz wurde durch eine Stadtsanierung ab 1976 vernichtet.

Noch vor dem **Knotenpunkt** 74 erreichen Sie **Burg Gemen**. Eine erste Burganlage wird bereits im 9. oder 10. Jahrhundert vermutet. Eine erste urkundliche Erwähnung gibt es 1274. Mitte des 13. Jahrhunderts war die Burg zu einer Ringburg und bis 1411 zu ihrer heutigen Größe mit einem dreigeschossigen Palas und einem viergeschossigen Ballturm ausgebaut worden. Um 1700 wurde die Anlage zum Schloss umgebaut, wie es sich heute darstellt.

Sehr früh, seit dem 12. Jahrhundert, standen die Herren von Gemen in Konflikten mit den Fürstbischöfen von Münster, die damals die Landesherren dieser Region waren. Um sich ihre Reichsunmittelbarkeit zu sichern, suchten die Gemener Bündnisse, mal mit den Grafen und späteren Herzögen von Kleve, mal mit dem Erzbischof von Köln.

Wasserburg Gemen

Ab 1560 wurde in Gemen die lutherische Reformation eingeführt und der Ort damit eine der ältesten protestantischen Gemeinden Westfalens. Obendrein unterstützte der damalige Graf Jobst II., ein Vetter Wilhelms von Oranien, den Freiheitskampf der Niederländer gegen das katholische Spanien, woraufhin Gemen 1568 von den Truppen des Herzogs von Alba belagert und geplündert wurde. Im Dreißigjährigen Krieg hielt sich Gemen aus den Konflikten heraus und blieb verschont. Der Streit mit dem Bistum Münster um die Landeshoheit endete 1700 mit einem Vergleich im Prozess vor dem Reichskammergericht. Danach wurde die Wehrburg zu einem Schloss umgebaut.

1946 wurde das Schloss an das Bistum Münster verpachtet, und wird seither als **„Jugendburg Gemen"** als Bildungsstätte genutzt.

Sie radeln weiter über die ***Knotenpunkte*** *44, 75 und 60 zur 59 am Haus Pröbsting.*

Das **Herrenhaus** geht auf ein erstmals um 1221 urkundlich erwähntes Probsteigut des Stifts Vreden zurück. Im 19. Jahrhundert wurde das Hauptgebäude umgebaut und erweitert. Das Herrenhaus besteht im Kern aus einem Rechteckbau aus Ziegeln mit Werksteineckquadern. Nach Jahrzehnten des Verfalls wurde es 1988 umfassend renoviert. Heute ist dort eine Privatklinik eingerichtet.

Nach Westen erstreckt sich der über 100.000 Quadratmeter große **Pröbstingsee**, der als Freizeit- und Erholungspark dient und vielfältige Wassersportmöglichkeiten bietet vom Badesee mit Liegewiese bis zur Fahrt mit Tret-, Paddel- und Ruderbooten. Jährlich finden im Park auch mehrere große Veranstaltungen statt.

*Vom Pröbstingsee geht es nun über die **Knotenpunkte** 58, 62, 63 und 64 zum* [1] **Schloss Raesfeld**.

Das **Schloss** mit dem imposantesten Turm aller westfälischen Wasserburgen – „ein zu Stein gewordener Trompetenstoß", wie einmal ein Kunsthistoriker anmerkte – ließ Reichsgraf Alexander II. von Velen 1643-58 als großartige Renaissance-Residenzanlage bauen. Als Heerführer der kaiserlichen Liga war er im 30jährigen Krieg zu Geld gekommen und hoffte, dass Raesfeld Mittelpunkt eines von ihm angestrebten Fürstentums werden könnte.

Die Geschichte der Anlage reicht bis in die Anfänge des 12. Jahrhunderts zurück. Ende des 16. Jahrhunderts kam die Ritterburg der Herren von Raesfeld in den Besitz derer von Velen. Als in der ersten Hälfte des 18. Jahrhunderts diese Familie ausstarb, wurde das Schloss nur noch unregelmäßig bewohnt und verfiel. Zu Anfang des 19. Jahrhunderts wurden Teile der Anlage abgerissen und andere bis ins 20. Jahrhundert als Gutshof genutzt.

Von den ehemals vier Flügeln des Schlosses stehen heute noch der Westflügel mit dem markanten stufenförmigen Turm und der nördlich angrenzende Altbau mit einem wiederaufgebauten Rundturm. Schloss Raesfeld ist inzwischen Eigentum der sieben Handwerkskammern Nordrhein-Westfalens sowie des Westdeutschen Handwerkskammertags und seit 1952 Sitz der Weiterbildungseinrichtung Akademie des Handwerks.

Schloss Raesfeld

Bild rechts:
Marktplatz in Borken

In unmittelbarer Nähe des Schlosses stehen die **Schlosskapelle** aus der Zeit um 1658 und auch noch einige Häuser der ehemaligen dörflichen Burgfreiheit, in denen einst die Bediensteten der Schlossherren lebten. Heute werden sie als Restaurants, Hotels und Geschäfte genutzt.

Im Westen des Schlosses ließ Alexander II. von Velen ab 1653 einen **Tiergarten** anlegen. Diese Anlage war über lange Zeit verwildert und wurde inzwischen umgestaltet und kann besichtigt werden.

*Vom Schloss fahren Sie wieder zurück über die **Knoten** 64 und 63 weiter zur 42.*

Dabei streifen Sie das **Naturschutzgebiet Haart-Venn**, ein knapp 14 Hektar großes Niedermoor. Im Frühjahr blüht hier das Schmalblättrige Wollgras. Auch Glockenheide, Lungenenzian oder Rippenfarn wachsen dort.

*Über den **Knotenpunkt** 25 gelangen Sie zum **Punkt** 26 im Naturschutzgebiet Kranenmeer.*

Das **Kranenmeer** ist ein rund 0,75 Hektar großer See. Der ehemalige Heideweiher liegt in einem der wenigen Heidemoore der Region. Das ihn umgebene Naturschutzgebiet umfasst circa 140 Hektar. Die Uferbereiche sind zum Teil mit Zwiebelbinsenrasen, Wassernabelfluren und bedeutsamen Froschkrautbeständen bewachsen. In und am See leben teilweise hochgradig gefährdete Amphibien- und Libellenarten wie Moorfrosch, Kammmolch, Kleines Granatauge und Glänzende Binsenjungfer. Östlich des Gewässers stockt ein kleiner, gut ausgeprägter Erlenbruchwald mit Vorkommen des Sumpf-Veilchens.

*Weiter geht es über den **Knotenpunkt** 27 entweder für einen Abstecher geradeaus ins Zentrum von Heiden oder gleich links über den **Punkt** 38 zur 41.*

Kurz hinter dem Bahnhof Marbeck/Heiden passieren Sie das **Haus Engelrading**, ein Herrenhaus aus dem 18. Jahrhundert auf dem Gebiet einer früheren Burg, die erstmals 1316 urkundlich erwähnt wurde.

Den Namen erklärt eine Legende. Danach versuchte der heilige Liudger bei seinen Missionsreisen

Reisemobilstellplätze an oder nahe der Route

Wohnmobilstellplatz am Aquarius-Bad
Parkstraße, Borken
Wohnmobilstellplatz Wasserburg Gemen
Coesfelder Straße, Borken
Wohnmobilstellplatz Herrenhaus Pröbsting
Pröbstinger Allee, Borken
Wohnmobilstellplatz Graf Alexander
Südring, Raesfeld
Wohnmobilstellplatz am Landhotel Beckmann
Borkener Straße 7a, Heiden

Tour 24

vergeblich, die Einwohner von Heiden zu bekehren. Auf dem weiteren Weg nach Marbeck sei ihm ein Engel erschienen, der ihm (bei Engelrading!) geraten habe, es doch noch einmal bei den Heiden im Nachbardorf zu versuchen. Mit Erfolg, doch aus Zorn über deren Widerspenstigkeit habe er den Neuchristen befohlen, ihren Ort für alle Zeiten „Heiden" zu nennen.

*Vom **Knotenpunkt** 41 fahren Sie rechts zur 40 nahe dem* 2 **Haus Döring**.

Die **Burg** wurde als Motte, einem steinernen Wohnturm auf einem künstlich errichteten acht Meter hohen Hügel, vermutlich im 12. Jahrhundert erbaut, wie die erste urkundliche Erwähnung im Jahre 1307 nahelegt. Einem Kauf durch den Grafen von Kleve folgten Besitzerwechsel durch Verkauf, Verpfändung und Verpachtung. In den Jahren 1554 und 1597 wurde sie sogar jeweils durch münstersche Truppen eingenommen, um Steuern einzutreiben. Auf dem Burghügel steht heute ein zweigeschossiger, dreiachsiger Barockbau aus dem Jahr 1727. Auch die Wassermühle der Vorburg ist erhalten.

*Unsere Tour führt nun über den **Knotenpunkt** 61 ein Stück weiter in Richtung **Knotenpunkt** 56. Am Kreisel fahren wir aber geradeaus und die zweite Straße rechts in die Wilbecke. Diese trifft wiederum auf einen großen Kreisel, von dem wir über die Bahnhofstraße direkt wieder zurück zum Bahnhof in Borken gelangen, Ihrem Ausgangspunkt.*

E-Bike Ladestationen an oder nahe der Route

Restaurant „Am alten Rathaus"
Heilig-Geist-Str. 14, Borken

Gasthof Hülsdünker
Brinkstr. 15, Borken

Café Jägerkrug
Pröbstinger Allee 25, Borken

Bootsverleih und Kiosk Lohkamp im Freizeitpark
Pröbstinger Allee 11, Borken

Ladestation
Vennekenweg 29, Raesfeld

Rathaus-Ortsmarketingverein
Weselerstraße 19, Raesfeld

Schloss Raesfeld
Freiheit 27, Raesfeld

Rathaus Heiden
Rathausplatz 1, Heiden

Landhotel Beckmann
Borkener Straße 7a, Heiden

Heimathaus Marbeck
Schulstraße 1b, Borken-Marbeck

Hotel - Restaurant Lindenhof & „Die kleine Linde"
Raesfelder Str. 2, Borken

Tour 25 Länge 25 km

Flamingos im Zwillbrocker Venn

ZU WILDEN FLAMINGOS

Eine Rundtour Von Vreden ins Zwillbrocker Venn

Die kurze Tour führt von Vreden aus durch Wiesen und Felder zum Naturschutzgebiet Zwillbrocker Venn, in dem eine große Lachmöwenkolonie nistet und seit einigen Jahrzehnten auch wilde Flamingos leben.

Was erwartet mich?

25,4 km, eine Tour auf überwiegend naturbelassenen Wirtschaftswegen durch die topfebene Felderlandschaft zwischen Vreden und der niederländischen Grenze bei Zwillbrock.

Wie komm ich hin?

Mit dem Auto: A 31 Ausfahrt Gescher, B 525 und B 70 nach Vreden, dort zum Markt

Was muss ich sehen?

1 **Stiftskirche St. Felizitas** in Vreden
2 **Barockkirche** in Vreden-Zwillbrock
3 **Zwillbrocker Venn**

Wo tank ich auf?

Landgasthof Reirink, Zwillbrock 7, Vreden-Zwillbrock
Kettelerhaus, Domhof 4, Vreden
Restaurant Burgschänke, Burgstraße 17, Vreden

Kartentipp: **ADFC-Regionalkarte Münsterland West/ Achterhoek,** 1:75.000

Scan den QR-Code & hol Dir Deine Tour!

Tour 25

TOURSTART

*Sie starten in Vreden am Markt (**Knotenpunkt** 8) und radeln zum **Punkt** 7 am nördlichen Stadtrand. Dabei passieren Sie nach wenigen Metern die beiden katholischen Kirchen St. Georg und* [1] **St. Felizitas**.

Die Geschichte Vredens ist eng mit diesen Kirchen verbunden. Grabungsfunde unter der **St. Georgs-Kirche** zeigen Spuren von sechs Vorgängerkirchen, darunter eines karolingischen Vorgängerbaus aus dem frühen 9. Jahrhundert als einen der ersten Kirchenbauten des Bistums Münster. Die heutige Pfarrkirche wurde – nach der Zerstörung des Vorgängerbaus bei einem Bombenangriff am 21. März 1945 – im Jahr 1954 fertig gestellt.

Spätestens 839 wurde das **Damenstift Vreden** als eines der ersten westfälischen Frauenklöster gegründet und bis zur Auflösung 1810 betrieben. Im Mittelalter war es zeitweise reichsunmittelbar, unterstand also nicht dem Bistum.

Die [1] **Stiftskirche St. Felizitas** aus dem 11. und 12. Jahrhundert ist eine frühromanische Kirche mit gotischen Elementen. Besonders sehenswert sind die ottonische Hallenkrypta, das spätromanische Stufenportal, der gotische Kronleuchter, das Hungertuch mit Szenen des Lebens Jesu in den Tagen der Karwoche und die Grabdenkmäler der Vredener Äbtissinnen. Die Hallenkrypta stammt noch aus dem 11. Jahrhundert. Im 12. Jahrhundert entstand schließlich die heutige Kirche als langgestreckter, einschiffiger und vierjochiger Saalbau mit Vierung und quadratischen Querhausarmen. Der Chor wurde 1427 neu erbaut. 1911 wurde das Stift umgebaut und am Ende des Zweiten Weltkriegs stark zerstört.

*Sie radeln weiter über die **Knotenpunkte** 12 und 14 und durch das Naturschutzgebiet Ellewicker Feld zum **Knotenpunkt** 13 nach Zwillbrock.*

Dort passieren Sie die **Biologische Station** und die [2] **Barockkirche**.

Barockkirche
St. Franziskus in Zwillbrock

Im Gebäude der Biologischen Station Zwillbrock lohnt ein Besuch der Ausstellung über das Zwillbrocker Venn mit Hinweisen auf die Aussichtskanzeln zur Beobachtung der Vögel.

1651 errichtete der Minoriten-Orden in Zwillbrock eine **Missionsstation** zur Betreuung der Katholiken in den angrenzenden Niederlanden. 1717 wurde der Grundstein der heutigen Kirche St. Franziskus gelegt, die 1748 geweiht wurde. Das Minoriten-Kloster wurde 1811 aufgehoben und abgerissen. Die Kirche mit ihrer wertvollen Barockausstattung blieb jedoch auch ohne Zerstörungen im Zweiten Weltkrieg im Originalzustand erhalten.

*Sie radeln weiter zum **Knotenpunkt** 66 und entlang des Zwillbrocker Venns zum **Punkt** 48.*

Das Naturschutzgebiet 3 **Zwillbrocker Venn** unmittelbar an der Grenze zu den Niederlanden ist mit seinen Sumpfgebieten die größte Lachmöwenkolonie Deutschlands. Rund 16.000 Möwen wurden dort in den 1980er Jahren gezählt. In den 1990er Jahren sank ihr Bestand. Zugleich ist es Brutplatz für mehr als 100 Vogelarten. Seit 1970 brüten dort auch Flamingos. Wurde damals nur ein Pärchen **Flamingos** beobachtet, so halten sich dort heute bis zu 60 dieser eher am

Bauernhaus-Museum in Vreden

Reisemobilstellplätze an oder nahe der Route

Wohnmobilstellplatz an der Rundsporthalle
Up de Bookholt 10, Vreden
Wohnmobilstellplatz am Sportpark
Ottensteiner Straße 59, Vreden

E-Bike Ladestationen an oder nahe der Route

Altes Rathaus
Markt 9, Vreden
Biologische Station Zwillbrock
Zwillbrock 10, Vreden
Hotel-Restaurant Kloppendiek
Zwillbrock 8, Vreden
Restaurant „Zum Dicken Jupp"
Südlohner Diek 48, Vreden

Mittelmeer beheimateten rosa Großvögel unterschiedlicher Arten (Rosaflamingo, Kubaflamingo, Chileflamingo) auf. Die Flamingos im Venn leben vom Plankton im See. Wegen des Kots durch die vielen dort brütenden Lachmöwen gibt es ausreichend Plankton. Überwinterungsgebiet der Flamingos ist das Volkerakmeer im Rhein-Maas-Delta.

Wer die Flamingos und andere Wasservögel beobachten will, muss den Weg am See wählen. Dieser ist stellenweise schmal mit ein paar sandigen Passagen, die womöglich zu kurzzeitigem Absteigen zwingen. Wer angenehmer radeln möchte, muss auf Naturgenuss verzichten.

Über die ***Punkte*** *11 und 50 gelangen Sie zurück nach Vreden zum* ***Knotenpunkt*** *8 am Markt.*

In Vreden lohnen die Museen einen Besuch. Das **Bauernhaus-Museum** im Stadtpark zeigt eine historische westmünsterländische Hofanlage, die ursprünglich in der näheren Umgebung von Vreden stand. Die

funktionstüchtige Wassermühle wird aus dem nahegelegenen Stadtgraben gespeist.

In unmittelbarer Nähe zur **Stiftskirche St. Felicitas** und zur **Pfarrkirche St. Georg** befindet sich das **Kulturhistorische Zentrum**. Seine Dauerausstellung thematisiert die Staatsgrenze zu den Niederlanden, deren zuvor umstrittener Verlauf erst 1765 in der Burloer Konvention zwischen dem Hochstift Münster und den niederländischen Generalstaaten vertraglich festgelegt wurde. Im ursprünglichen Armenhaus von 1575, das zum Kulturhistorischen Zentrum gehört, ist eine 33 Quadratmeter große historische Tapete „Telemach auf der Insel der Calypso" zu bewundern. Sie wurde in den 1820er Jahren in Paris von der Manufaktur Dufour & Leroy in 87 Farben auf Büttenpapier nach Motiven aus dem 1699 erschienenen Roman „Die Abenteuer des Telemach" von Francois de Fénelon gefertigt. In Deutschland gibt es nur noch vier, weltweit nur noch 24 Tapeten dieses Typs. Die in Vreden gezeigte Tapete stammt ursprünglich vom Hof Schulze Lohoff in Laer (Kreis Steinfurt) und besteht aus 22 Bahnen.

Kulturhistorisches Zentrum

Die schönsten Radtouren und Radfernwege...

ISBN 978-3-96990-244-8

ISBN 978-3-96990-122-9

ISBN 978-3-96990-080-2

ISBN 978-3-87073-913-3

ISBN 978-3-96990-064-2

ISBN 978-3-87073-962-1

ISBN 978-3-96990-236-3

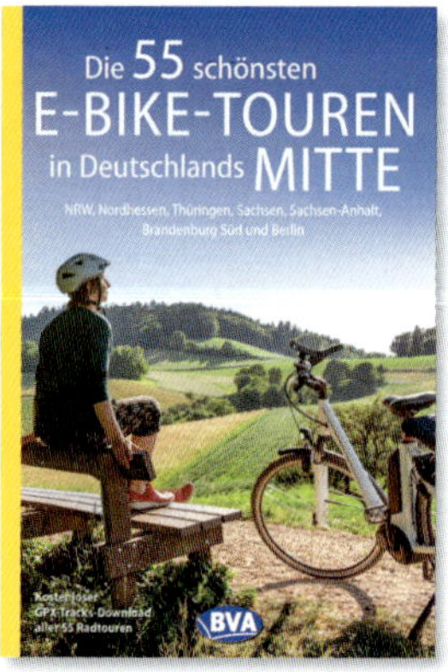

ISBN 978-3-96990-039-0

ISBN 978-3-87073-979-9

BVA BikeMedia

Erhältlich im Buchhandel oder bei:
BVA BikeMedia GmbH, Tel.: 0521 / 59 55 40
bestellung@bva-bikemedia.de

Impressum

2. Auflage 2025

Touren/Texte: Otmar Steinbicker, Aachen

Titelfoto: © Sina Ettmer/AdobeStock, ilbusca/iStock, NGnoma/iStock, Pobytov/iStock

Fotos: Otmar Steinbicker (S. 25 rechts, 31, 55, 91, 111, 114, 115 unten, 120/121, 122, 147 rechts, 148, 151, 206, 213) sowie
© Münsterland e.V. /Philipp Fölting (S. 2/3, 4/5, 6/7, 8/9, 10/11, 12/13, 14, 16/17, 24/25, 26/27, 27 rechts, 45, 48/49, 52/53, 54, 56, 59, 70, 73, 74, 102, 110, 112/113, 115 unten, 119, 127, 129, 131 unten, 132, 133, 134, 135, 136, 139, 142, 143, 144/145, 149 oben, 149 unten, 150 oben, 152, 154, 155 unten, 156/157, 158/159, 160, 163, 164, 167, 168, 169, 172, 174, 176, 179, 180, 183 oben, 183 unten, 184, 186, 188, 189, 190/191, 192, 197, 202, 208, 211, 215, 220/221, 221 unten), © Muehlenbernd/wikimedia (S. 18 links, 18/19), © Horst J Meuter/wikimedia (S. 20), © Günter Seggebäing/wikimedia (S. 22/23, 36, 42, 82, 88, 90, 92, 101, 105, 106, 107, 108), © Frankweichei/wikimedia (S. 28), © Arch/wikimedia (S. 32/33), © Sascha Grosser/wikimedia (S. 34), © FaceMePLS/wikimedia (S. 35), © RedPiranha/wikimedia (S. 39), © Eisenbahnmuseum Metelen Land (S. 40), © Mühlenmuseum Metelen Land (S. 41), © Michielverbeek/wikimedia (S. 46), © J.-H. Janßen/wikimedia (S. 56, 57, 62), © Wolfnoah/wikimedia (S. 60 oben), © Tomaz/wikimedia (S. 60 unten), © Snirtje/wikimedia (S. 64, 68), © Varus111/wikimedia (S. 67), © Jabalive/wikimedia (S. 76), © Anne Ebert/wikimedia (S. 79), © Frank Vincentz/wikimedia (S. 80, 124), © Dietmar Rabich/wikimedia (S. 85, 96/97, 146/147, 146 unten, 150 unten, 198, 200/201, 205, 219), © Corradox/wikimedia (S. 87), © Tetzemann/wikimedia (S. 94, 98), © Daniel Borker/Pixabay (S. 116), © Christian Storb/Pixabay (S. 130/131), © Rainer Halama/wikimedia (S. 141), © Bernhard Schürmann/Pixabay (S. 155 oben), © Michael Schmalenstroer/wikimedia (S. 171), © www.guelcker.de (S. 178), © Andraszy/wikimedia (S. 182), © ProfessorX/wikimedia (S. 194), © Tanja Schwarz-Krapp/Pixabay (S. 199), © Taxiarchos228/wikimedia (S. 204), © GZagatta/wikimedia (S. 216).

Buchgestaltung: Horst Krückemeier, www.hokrue.de, Bielefeld

Layoutkonzept und Umschlaggestaltung: Alexandra Struve, www.designundich.de, Braunschweig

Kartografie: BVA BikeMedia

ISBN: 978-3-96990-271-4